中国现代作家青春剪影丛书

修订本

书香岁月
杨绛

沈小兰——著

时代出版传媒股份有限公司
安徽教育出版社

图书在版编目（CIP）数据

书香岁月:杨绛/沈小兰著.—修订本.—合肥:安徽教育出版社,2022.11(2023.6重印)

(中国现代作家青春剪影丛书)

ISBN 978-7-5336-9668-9

Ⅰ.①书… Ⅱ.①沈… Ⅲ.①杨绛(1911-2016)—生平事迹 Ⅳ.①K825.6

中国版本图书馆 CIP 数据核字（2022）第 049861 号

书香岁月　杨绛
SHUXIANG SUIYUE　YANGJIANG

出 版 人:费世平
统筹编辑:周　佳
责任编辑:金　雯
装帧设计:王莉娟
美术编辑:吴亢宗
责任印制:陈善军

出版发行:安徽教育出版社
地　　址:合肥市经开区繁华大道西路 398 号　邮编:230601
网　　址:http://www.ahep.com.cn
营销电话:(0551)63683015,63683016
排　　版:安徽时代华印出版服务有限责任公司
印　　刷:安徽联众印刷有限公司

开　　本:880 mm×1230 mm　1/32
印　　张:7.25
字　　数:134 千字
版　　次:2022 年 11 月第 1 版　2023 年 6 月第 2 次印刷
定　　价:28.00 元

(如发现印装质量问题,影响阅读,请与本社营销部联系调换)

青春剪影出一首首梦的歌（代序）

傅光明

鲁迅《呐喊·自序》的开篇第一段话是："我在年青时候也曾经做过许多梦，后来大半忘却了，但自己也并不以为可惜。……这不能全忘的一部分，到现在便成了《呐喊》的来由。"紧接着，他回忆起儿时家庭从小康坠入困顿，这样的苦涩经历使他从中得以看见世人的真面目，继而要"走异路，逃异地，去寻求别样的人们"。

从他睁开眼看世界，他便有了梦，很美满的一个梦——到日本，学医，救治像他父亲一样"被误的病人的疾苦，战争时候便去当军医，一面又促进了国人对于维新的信仰"。直到课堂上放映关于日俄战事的画片，"忽然会见我久违的许多中国人了，一个绑在中间，许多站在左右，一样是强壮的体格，而显出麻木的神情。据解说，则绑着的是替俄国做了军事上的侦探，正要被日军砍下头颅来示众，而围着的便是来赏鉴这示众的盛举的人们"。

这个故事本身已具有经典性，不仅如此，相信凡熟悉鲁迅的读者更喜欢咀嚼接下来的这一小段文字，因为它是鲁迅作家梦开始的地方:"医学并非一件紧要事,凡是愚弱的国民,即使体格如何健全,如何茁壮,也只能做毫无意义的示众的材料和看客,病死多少是不必以为不幸的。所以我们的第一要著,是在改变他们的精神,而善于改变精神的是,我那时以为当然要推文艺,于是想提倡文艺运动了。"

这时,他又开始做好梦了。从仙台辍学回到东京,他邀几位朋友一起办杂志,以期迈出文学的第一步。但这本取"新的生命"的意思而叫《新生》的杂志,在策划中便胎死腹中,梦也随之转瞬即逝了。

因梦无法实现而带来的寂寞,一天天地长大起来,"如大毒蛇,缠住了我的灵魂了"。然后是无端的悲哀和驱除不尽的痛苦,而麻醉的最好办法是"使我沉入于国民中,使我回到古代去",让生命黯然销魂,直销到"再没有青年时候的慷慨激昂的意思了"。

就这样,在蚊子多的一个夏夜,已蛰居北京,在绍兴会馆里百无聊赖抄古碑的鲁迅,迎来了一个老朋友。这位"偶或来谈"的老朋友金心异,便是正协助陈独秀编辑《新青年》杂志的钱玄同。聊天中,一段石破天惊的对话呱呱坠地,并成为中国现代文学史上经典的里程碑式的思想意象:

> 假如一间铁屋子,是绝无窗户而万难破毁的,里面有许多熟睡的人们,不久都要闷死了,然而是从昏

睡入死灭，并不感到就死的悲哀。现在你大嚷起来，惊起了较为清醒的几个人，使这不幸的少数者来受无可挽救的临终的苦楚，你倒以为对得起他们么？

然而几个人既然起来，你不能说决没有毁坏这铁屋的希望。

由此，鲁迅发出"狂人"的呐喊，《狂人日记》不仅成为小说家鲁迅的起点，更成为中国现代白话小说的源头和丰碑。

可以说，鲁迅是在生命日渐消沉的时候才做起小说来！显然，是五四精神孕育出了鲁迅的新生，而鲁迅又给五四精神注入了别样的新鲜活力和深邃的思想光芒。那本在东京未出世就夭折了的《新生》雪藏起鲁迅的摩罗诗力，而一本在北京崭新的《新青年》却真的赋予了鲁迅新的生命——文学的、艺术的、精神的、思想的不朽生命。

简言之，一篇短短的《呐喊·自序》，已大致可以为鲁迅，同时也可把这样的梦影当参照，为许多现代作家，甚至为读者自己画一幅青春剪影了。

像鲁迅一样，世上所有的人，年轻时候都会做许多梦。醒来一个梦，再做下一个梦，有梦便有希望在，人生的过程就是在不断做梦寻梦。当然，悲哀时，又会感觉一如鲁迅所说，"人生最苦痛的是梦醒了无路可以走"。如果真的无路可走了，还是要做梦，回忆青春的梦。没有了梦，便只剩下了绝望。

这套书里的作家们，年轻时几乎无不是有着一个又一个的梦。郭沫若和鲁迅一样，早年赴日本留学时，学的是医学，后因受到荷兰哲学家斯宾诺莎和美国诗人惠特曼思想的影响，决心弃医从文；与郭沫若等一同发起成立"创造社"的郁达夫，留日之初，考入的是东京第一高等学校医部预科，后又改学过政治学、经济学；冰心在写她的《繁星》《春水》以前，就读于协和女子大学理科，向往的也是日后成为一名医生。

然而，任何一个梦想的实现，都需要付出巨大的艰辛、努力。一个人的青春岁月，时常是苦恼与快乐相伴、信心与茫然相随。正是在这个时候，已经长大了的青少年，会突然惊奇地发现，原来世间的事情是如此的复杂，连黑与白的界线都有可能变得不明晰和不确定起来，无法一下子认定的事情越来越多。这些对于作家来说，却又是不可或缺的人生经历和体验。

无论他们在年轻时做过怎样的梦，有一点是共同的，即读书、求知。他们大都有过在海外或留学，或进修，甚或流亡的经历；他们中的许多人至少懂得一门外语，像巴金、郁达夫、钱锺书、杨绛等，通晓的外语都在两门或两门以上。茅盾是在大革命失败后，流亡日本时，深度创作他的小说处女作《蚀》三部曲的。巴金的小说处女作《灭亡》写于巴黎，这之后，他的写作一发不可收。朱自清在出任清华大学中国文学系主任的前一年，曾在英国进修过语言学和英国文学，后漫游欧洲五国，才有后来写作的

《欧游杂记》《伦敦杂记》。艾青最初读的是艺术学院绘画系，后在赴法国勤工俭学时，边学绘画，边接触欧洲现代派诗人，最终成为诗人，而不是画家。在南开中学就开始参与戏剧活动的曹禺，初入南开大学，读的是政治系，转至清华大学西洋文学系才真正开始钻研戏剧，从古希腊剧作家到莎士比亚、契诃夫、易卜生、奥尼尔，孕育出了他的《雷雨》《日出》。

每个作家都有藏在他的文学梦背后的故事，这些故事对于启迪我们的人生智慧和精神思想，都是难得的知识营养。通过这些故事，我们知道，徐志摩最早没想过要成为诗人，他留学美国时，学的是经济，转去英国，是为了追随罗素，搞政治。当丁玲陷在生活的困惑之中，她做过画家梦，更做过电影明星梦。各自已有深厚的人生体验的川籍作家艾芜、沙汀，是在他俩相遇后，才一起走上文学路的。从湘西走出来的"乡下人"沈从文，学历只到小学，经过人生的许多坎坷沧桑，矢志不渝，最终成就了自己的文学梦。

对于今天的读者，已经成为历史的他们，在这个"剪影"里构成了一组混着一个又一个青春生命泪与笑的梦的合唱。如果能够从他们一串串的梦里找到自己，相信你的未来不是梦！

杨 绛

（1911年7月17日—2016年5月25日）

写在前面

杨绛，1911年7月生于北京，祖籍江苏无锡，学名杨季康。她是个多才多艺的作家和翻译家，文采慧心，著述丰富。她写小说、散文、戏剧和翻译外国文学作品时，多用笔名杨绛。久而久之，喜欢她的读者牢牢地记住了"杨绛"，而她的原名杨季康却被人们渐渐地淡忘了。

现在杨绛先生已经离我们而去。然而，凝聚在她笔尖的沧桑岁月，宽和而发人深省。许许多多的坎坷和苦难，在许许多多的作家的笔下可能是忧愤甚至是哭喊的宣泄，而在杨绛先生的笔下却是娓娓平和的叙述，就仿佛在安静的深夜，温和的灯光下，与你促膝交谈。可是，它给你留下的却是比血肉之躯更加经久耐磨的深思——关于我们人类自己。

1935年，杨绛和钱锺书先生结为秦晋之好。从此，他们相濡以沫，携手跋涉于曲折、艰难的人生之途。为了钱锺书先生的著述和研究，杨绛先生常常甘为"灶下婢"。钱锺书先生的长篇小说

《围城》、第一本散文集《写在人生边上》，以及煌煌学术巨著《谈艺录》《管锥编》等等，无不凝结着杨绛先生的辛勤劳动和智慧。而杨绛先生并非仅仅甘为钱锺书先生的"灶下婢"，她自己在二十世纪四十年代的上海文坛便颇有名气。她所写的戏剧《称心如意》《弄假成真》，在上海公演后曾获得相当的成功。她试写小说为时甚早，当她还在清华大学读研究生时，就曾作短篇小说《路路，不用愁！》，由朱自清教授推荐于《大公报·文艺副刊》发表，后来另一位著名的女作家林徽因将这篇小说编入了《大公报文艺丛刊小说选》。此后，她还曾写了许多小说，如短篇小说《玉人》《鬼》，长篇小说《洗澡》等等，这些小说都深受读者的欢迎。而她翻译的西班牙长篇小说《堂吉诃德》《吉尔·布拉斯》和中篇小说《小癞子》在读者中反响更为热烈，至今畅销不衰。还有她的散文、文论、杂写、杂记等等，不一而足。

然而，对于荣誉、微笑和鲜花，还有世人的赞扬和仰慕，杨绛和钱锺书先生一样，所持的是一颗平常心，如同瓦屋纸窗下淡饮清茶。她对待人生的态度，如同她所译的蓝德的一首诗：

> 我和谁都不争，
> 　　和谁争我都不屑；
> 我爱大自然，

其次就是艺术；

我双手烤着生命之火取暖；

火萎了，

我也准备走了。

当杨绛先生八十大寿前夕，她曾笑着对舒展先生说："我活到八十岁，只是一个偶然。活不到，不是我的过失，活到了，也不是我的功劳……"而夏衍先生于1991年为杨绛先生八十华诞所写的贺词是：

无官无位，活得自在；有才有识，独铸伟词。

夏衍先生还说："人们都捧钱锺书，我却要捧杨绛！"舒展先生提醒我们大家："夏公可不会轻易捧角儿的啊。"

独铸伟词的杨先生，很少在世人面前展示她的人生旅程——辉煌的抑或坎坷的。也许，她还是和钱锺书先生一样，把对世人、对大自然、对艺术的探索和慨叹，全都浓缩在她长长短短的著作中，在世人面前很温和地对自己所从事的事业和所获得的成功保持着沉默。其实，杨绛先生出生在一个颇富传奇色彩的家庭中，她的父亲杨荫杭、姑母杨荫榆都是近代史上很有影响力的人物，而杨绛先生自己的一生也是丰富多彩的，比许多小说中的虚构故事更能给予人深思和启迪。

应中国社会科学院近代史研究所和许多读者的请求，杨绛先生写下了《回忆我的父亲》《回忆我的姑母》《记钱锺书与〈围城〉》等长文。为了把杨绛先生真实地介绍给我们的小读者，我耐心地沿着这些长长短短通向人们心灵深处的小径——散文，一遍又一遍地反复阅读和思索，点点滴滴写下我自己所感受到的杨绛先生。文中所展示的杨先生青少年时代的"故事"和家庭"细事"，均根据杨先生的杂写、杂忆和散文，我只是从旁细心采撷和连缀，融进自己的心得和体会。很真诚地希望，少年朋友们能从我的采撷中认识和了解杨绛先生。

还有一点，需要特别说明，这本小书初版是"大师的青少年时代"丛书中的一本，为了和本套丛书保持统一的写作体例，便于青少年朋友一气呵成地阅读，文中的注释已尽可能地减少。凡未标出出处的杨绛先生的引言，均出自杨先生以下几篇文章：《回忆我的父亲》《回忆我的姑母》《记钱锺书与〈围城〉》《大王庙》《小吹牛》《记杨必》《赵佩荣与强英雄》《阿福和阿灵》《"遇仙"记》。文中所引用补塘先生发表在《申报》上的短文，均出自长江文艺出版社出版的《老圃遗文辑》。

此书，由于交稿时间较为紧迫，写得不够从容；又由于本人学识很有限，对杨先生这样渊博深沉的学者的认识亦有很大的局限性。故这本小书如有不妥之处，欢迎朋友们批评指正。

目录

第一章　他是谁/001

第二章　普通的孩子/006

第三章　不普通的足迹/011

第四章　"细事"和背影/018

第五章　"三伯伯"和花神/024

第六章　回南/034

第七章　八岁之缘/041

第八章　沙巷/051

第九章　裙子和"嘴巴"/061

第十章　一文斤/075

第十一章　天淡云闲/084

第十二章　阿七和阿必/095

第十三章　细是细非/102

第十四章　大叩则大鸣　小叩则小鸣/110

第十五章　**Dare to say no**/120

第十六章　东吴"遇仙"、小狗和"怪物"/127

第十七章　选择和放弃/139

第十八章　清华园和钱锺书/148

第十九章　诗礼传家/160

第二十章　翩翩不翩翩/169

第二十一章　清华的骄傲/177

第二十二章　敏锐的洞察力/184

第二十三章　伯乐朱自清/191

第二十四章　"江南才子"家/200

第二十五章　匆忙中的婚礼/204

尾　声/211

第一章

他是谁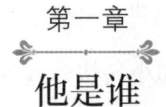

民国初年的古都——北京,和我们今天的首都——北京,相去甚远。那时的北京城,没有拔地而起的摩天大厦,也没有射向四面八方的立交桥,更没有川流不息的车和人。巍峨高大的城墙、宫殿与正南、正北傲然平卧的宽阔街道交相辉映。

而街道却连着胡同和四合院。

生活在四合院里的人们,和睦、安详、宁静。一如邓云乡老先生在他优美的散文《北京胡同》中所描写的,"开开大门,走出胡同,通向大街,通向外地,通向全世界;走进胡同,回到院中,关好大门,一家人团聚在一起,说笑、游戏、读书、吃饭、睡觉……夏日的老槐,冬日的白雪,残秋的黄叶,春暖的浮云,散步在胡同中,脚踏实地,溜溜达达,早晨,迎着旭日;黄昏,踏着斜阳;遇到街坊邻里,老远就打招呼:'您早!''您回来啦……'",古老而又温馨。即便是今天生活在繁华喧闹都市的我们,也会心心念念地向往着这种传统的富有人情味的生活方式。

1911年的7月,杨绛就出生在古都北京的一座安详的四合院中。当时她家租住的别人的房子,那是很宽敞的一个大院子,有前后两进。后院南边篱下有一排山桃树。有树就有飞蝶、蝉鸣和小鸟快乐地啼叫。风吹树动,满树的绿叶映衬着洁无纤尘的窗玻璃和窗外随风晃动的日影,仿佛王维的诗——诗中有画。

杨绛的童年就是从这"诗中有画"的意境中开始的,飘溢着书香。

她在家中行四。她是在父亲赴美留学回国后出生的,上面还有三个姐姐。家人都很溺爱她,昵称她——阿季。

阿季对人世最初的惶惑和疑问是在她五六岁的时候。小小的她,心中的惶惑和疑问当然不是"我是谁?"这样高深莫测的哲学命题,而是一个孩子对展示在她面前的世界好奇的张望——"他是谁?"

那时候,她家里有一张黎元洪的照片。那张照片先是挂在客厅幽暗的角落里,不久又被贬入吃饭间。照片的右上角有一行墨笔字——补塘先生。每每吃饭时,阿季就会望见这张陌生的照片。五六岁的阿季,在姐姐们和父母的熏陶下,已初识文字。虽然,她认识的字不算很多,但"补塘先生"这四个字她还是认识的,也是熟知的。"补塘"是她父亲杨荫杭的字,但照片上的这个人和自己戴着眼镜、严肃而深沉的父亲并无相像之处。

他是谁呢?

吃饭间没有人的时候,她常常搬个凳子,小小的一个人就跪在凳子上,端详那张照片。照片上的人也陌生地看着她。她很奇怪,照片上的人明明不是她父亲,可怎么又写着自己父亲的名字?她百思不得其解。疑问藏在阿季心中,她始终没有发问,怕问了惹姐姐们笑,又怕招骂。但是,她心里始终想解开这个谜——他是谁?

不知什么时候,她突然醒悟,明白了落款不是标签,那个人不是她父亲,而是——黎元洪。

黎元洪在一个小女孩儿的童年生活里是很遥远的,只不过是一个挂在吃饭间角落里照片上的人。犹如一幅人们不喜欢、只是例行公事挂在墙上的画像。但在长辈们的生活中,黎元洪却是一个标志着时代结束和处于动荡的政治风云中的人物。

我们古老的祖国,自从夏朝以来,一直到清王朝,虽然经历过许多次农民起义和革命,朝代也历经易姓,但究竟脱不掉帝制的范围。1911年,武昌起义的成功,一直到1912年,中华民国的诞生,古老的中国终于将"帝"字废去,换了一个"民"字。"帝"字是一人的尊号,而"民"字是百姓的统称。在这场翻天覆地的大革命中,黎元洪阴差阳错地被推上了历史舞台。

黎元洪,字宋卿,生于1864年,湖北黄陂人,人称黎黄陂,曾是北洋军阀政府的总统。著名历史学家蔡东藩先生在《中国历代通俗演义·民国演义》中,对他的评价是:才不胜德,英武不足。黎黄陂毕业于北洋水师学堂,后随德国教官训练湖北新军,由管带、统带擢升为第二十一混成协的协统。在新军中他多次破坏湖北革命党人的活动,还曾亲手杀害起义士兵。他本来和革命毫无干系,并且对革命党人一直是抱着虎视眈眈的戒备心理。武昌起义后,因在一片热烈的混乱中革命党人恐难以控制局势,有人提议让还在武昌城里的协统黎元洪出面维持。当革命党人找到他时,这位英武不足的协统(相当于现在的旅长),吓得张口结舌,嗫嚅着:"谁同你们造反了?"最后,还是革命党人李翊东举着枪,顶着他的脑袋,代他在革命党人的安民告示上签了个大大的"黎"字。可是,黎元洪面对革命党人的安民告示,仍然保持着不点头、不张口的态度。直至革命军占领了汉口及汉阳后,革命的洪流汹涌澎湃,加上外国势力表示严守中立,黎黄陂这才剪掉辫子,出任提督。南京临时政府成立时,他又当上了副总统。

挂在阿季家中的黎元洪的相片,大概是大总统发给每个下属的,不得不挂。而那时,阿季的父亲杨荫杭是京师高等检察厅厅长。杨荫杭和被革命党用枪推上革命历史舞台的黎元洪相比,是有着天壤之别的。

杨荫杭先生是江苏省最早从事反清活动的人物之一。他在日本留学时,曾参加过东京励志社,还曾和朋友们一同创办《国民报》与《大陆》杂志。回国后,他又在无锡首创励志学社。他是一个卓有影响的反清爱国的知识分子。所以,那张黎元洪的相片一直被冷落在他们家客厅的幽暗角落中，或干脆被贬入吃饭间。显然，补塘先生对这位大总统是不屑的。

可是，在家中，在女儿们的面前，补塘先生只是一个既凝重有威，又温和幽默的父亲，几乎闭口不提自己年轻时的革命经历。

大半个世纪之后，1979年冬，中国社会科学院近代史研究所给杨绛先生来了一封信，请她介绍补塘先生的简历及传记资料。杨绛先生只写了一份父亲的简历，笔下娓娓而叙的多是父亲和她朝夕相处的"细事"（无锡话，即小事的意思），还有她自己的体会。对于父亲的光荣历史和报国热忱，她却叙述得很简省，就是因为父亲平常很少提及这些世人所羡慕的光荣。

补塘先生虽然从不在子女面前提及自己年轻时的辉煌，但他给予子女们的影响和教育是非常深刻的，这深刻的影响和教育却不是简单地直指革命和历史，而是丝丝入扣，从最细小的地方给予他们尊重和启迪，他培养儿女们，即使是处在最困难的境地里，亦能够自乐其乐。

第二章
普通的孩子

当阿季拿稳自己的理解没有错——落款不是标签,照片上的人不是她父亲之后,她就把自己的好奇心,又一次投向了自己的父亲。

在那座安详、和睦的四合院里,父亲就像院子南边篱下最粗壮的一株山桃树,枝叶茂密,笑呵呵地给她们姐妹四人遮风挡雨,让她们的童年像一条欢快的小溪,无忧无虑地汩汩流淌。

可是,父亲自己的童年是什么样的呢?也像她们的一样幸福、快乐、单纯吗?

有一次,阿季忍不住问父亲:"爸爸,你小时候是怎么样的?"

也许,在一个小女孩儿的心目中,小时候的父亲一定也是很特别的吧,比别人的父亲高大、勇敢、聪明,一定还有许许多多她所不知道的轰轰烈烈的壮举。

可是,父亲却回答她说:"就和普通孩子一样。"

多么令人失望的回答。

"和普通孩子一样?"

阿季不肯相信,还是盯着问。

补塘先生呢，和我们现在的许多父亲大相径庭，既没有借此发挥——滔滔不绝话当年；也不是极不耐烦地将手一挥——去、去、去。今天在我们的周遭，有许许多多年轻抑或并不年轻的独生子女的父亲们，在自己的宝贝儿子或女儿面前，常常带着夸耀、教训的口吻陶醉于自己的过去——我小时候，每次考试都是全班前三名，哪像你这样……诸如此类。有一次，一个听腻了自己父亲和父亲的朋友们的夸耀的男孩，突然发问——你们都是第一、第二，那么谁是最末一名？父亲们哑然了。也许，父亲们是想用想象中的"成功"来点缀自己失意的过去，刻意在下一辈面前树立自己的权威。

补塘先生却不是这样。他很耐心地找出一只二寸来长陶制的青底蓝花的小靴子给阿季，对她说，小时候他坐在他爷爷的膝上，他爷爷常给他剥一靴子瓜子仁，教他背白居易的诗"未能抛得杭州去，一半勾留是此湖"。

补塘先生的家境是很贫寒的。他的祖父在杭州做一个很小的小官。他的父亲呢，也在浙江做过一个小地方的小官。两代都是穷书生，都是小穷官。人生有三大不幸：少年丧父、中年丧妻、晚年丧子。补塘先生十二岁那年，父亲就离开了人世。那时，他身为地方小官的父亲，独自一人在外做官，妻子和孩子们都被丢在老家无锡。补塘先生的父亲一个人飘零他乡，虽然有个小小的官位，生活却是十分简朴而枯寂的，妻子不在身边，他生了病也没有人能够悉心照料，也只能很无奈地熬着，直至病重才返乡。返乡的路途虽不远，却因交通不便依然艰难。他乘一叶小舟，在水中漫漫摇荡。回乡途中，他的病情更加严重，下了船挣扎着还没有到家，就咽了气。去世前他连妻子儿女也未能见上一面，"走"得匆忙而悲凉。补塘先生的父亲去世后，家里生活更加艰难，全靠祖父留下的住宅度日。补塘先生的父亲两袖清风，没有留下任何财产，更无田产可言。

补塘先生上学的学费，全靠自己考试选拔而得来的公费。那时的公费就像我们今天的奖学金。

父亲去世后的艰难，三更灯火五更鸡的苦读，还有家道中落后的世态炎凉，补塘先生都没有告诉阿季，很淡然地省略了。他是一个生性快乐的人，他对人生所持的是快乐、豁达的态度。在一篇《我之快乐观》的短文中，他非常豪爽地向读者袒露自己的心扉：

> 人生斯世，当享无上之快乐。其不能享快乐者，皆所谓"咎由自取"者也。其能享快乐者，皆所谓"自求多福"者也。快乐非有一定之现象，不过心之所思，以为快乐，则快乐矣；心之所思，以为不快乐，则不快乐矣。故世有自乐其乐者，亦有无苦讨苦者，其权皆操之于己，于处境之顺逆无关也……

这段文言文的大意是：人活在世界上，就应当享受无上的快乐。而不能享受快乐的人，就如成语"咎由自取"所说，是自己让自己感到不快乐。而能享受快乐的人，就是我们平常所说的"自求多福"，是善于为自己创造快乐的人吧。快乐并非有一定的具体衡量标准，比如钱财、名誉、社会地位等等。快乐不过是自己内心深处的感觉，心里认为自己快乐就会快乐，认为自己不快乐，则就不会快乐。所以，世界上有自乐其乐的人，也有并没有什么痛苦而自认为痛苦的人。快乐不快乐全掌握在自己的手中，于己所处的顺逆环境并没有什么关系。

这就是补塘先生的快乐观。他对自己所经历过的艰难曲折，总是一笑置之。即便身处艰难困苦之中，他也是快乐的，留在他心里的也都是些快乐的事。所以，补塘先生不喜欢在孩子们面前谈论自己的曲折抑或奋斗，偶尔谈起，都是他年轻时代淘气快乐的"细事"，而那些"细事"，逗得阿季和姐姐们开心地哈哈大笑。

父亲对阿季说过，他在上大学的时候，在同学中是出了名的"淘气"。和他同屋住的同学中有一个是松江人，这个松江佬说话的地方口音特别重，总是把"书"读成"须"。补塘先生常故意惹他生气，说要"撒一课'须'去"（上海话"尿""书"同音）。松江同学怒不可遏，恨不能和他打一架。

还有，那时他们班上有一个胖子，大家都笑他胖。胖子很生气地说:"你们老了也会发胖。"补塘先生却绷住笑脸,一本正经地对他说:"我发了胖就'自杀'!"

胖子脸涨得通红,气得呼哧呼哧,却无言以答。

阿季的二姑母和三姑母都非常佩服和喜欢自己幽默的小哥哥——补塘先生。她们常常在孩子们面前揭他的"老底"。有一次,二姑母问阿季:"你知道你爸爸小时候是怎么淘气的吗?"阿季摇摇头,二姑母笑道:"我告诉你吧!"

二姑母告诉阿季的是关于一只蛤蟆的故事。二姑母想起那件事就感到好笑。她对阿季说,小时候,她的小哥哥在园子里逮到一只蛤蟆,不知是因为受到什么小说的启发,还是心血来潮,他竟念念有词地对着蛤蟆喷水念咒,又把它扣在花盆底下叫它土遁。随后,小哥哥就把这只蛤蟆丢在了脑后,忘得一干二净。过了一星期,冥冥之中,突然他又记起被他逼迫土遁的蛤蟆,于是急忙跑到园子里,翻开花盆一看,那只蛤蟆虽然还没有饿死,却瘦成了皮包骨头……

阿季听了,大乐。可是,她没有去问父亲二姑母所说的是不是真的,反正父亲说过,他小时候和普通孩子一个样儿。

第三章
不普通的足迹

其实，补塘先生从孩提时代开始的生命足迹一点儿也不普通。少年失父的忧伤，家境困窘导致的求学的艰难，还有青年时代的家累之重，这一切苦难造就了他的不平凡。他每向前进一步，都得用辛勤的汗水与智慧换取。杨绛先生在写作《回忆我的父亲》时，也许是因为为中国社会科学院近代史研究所而写，笔墨多凝聚在她父亲一个人身上，而没有提及她的祖母——补塘先生的母亲。读了杨先生关于自己父亲的种种回忆，读者心里抹不去的好奇却是：补塘先生的母亲是怎样一个人呢？或许，补塘先生会微笑、平静地回答我们："就像普通母亲一样。"

一定有不普通的地方。俗话说严父慈母。也许，补塘先生的母亲是集严父慈母为一身，还有不管在什么样的境地里，打碎牙齿往肚子里咽的坚强，所以她才能培养出一个自立于世的儿子，一个能够在学业和生活上给兄弟姐妹许多引导和照拂的男子汉，一个敢于用自己的青春和生命去和那个笼罩中国几千年的"帝"字相拼搏的"斗士"，从而在近代史上留下他个人的足迹。

1878年，补塘先生生于江苏无锡，学名杨荫杭。他的启蒙教育是从私塾开始的。1890年，他从父母之命与同乡唐须嫛小姐订婚，那一年他才十二岁。唐小姐和他同年，那一年也是十二岁。从对儿子终身大事的做法来看，身为地方小穷官的补塘先生的父亲，似乎是一个恪守传统风俗的人。补塘先生和唐小姐订婚不久，他的父亲就病重去世了。母亲一人支撑着本来就不富裕的家，靠祖上传下来的几间宅子，拖儿携女，艰难度日。

1895年，补塘先生考入北洋大学堂，并靠考试选拔而得了公费。北洋大学堂是中国最早的工科大学，当时称为天津中西学堂，又称作北洋西学堂。北洋大学堂由津海关道盛宣怀呈请北洋大臣王文韶于光绪二十一年（1895年）创办于天津，分头等、二等学堂。二等学堂为中学性质；头等学堂为专门学校，分工程学、矿务学、机器学、律例学四门。

补塘先生是北洋大学堂的第一届学生。他从遥远而秀丽的江南小城来到天津，自然又是另一番天地，这里车水马龙，很是热闹。

补塘先生在北洋大学堂上学时，因伙食太差，有部分学生闹风潮。学校掌权的"洋鬼子"出来镇压，说闹风潮的一律开除。带头闹事的一个广东学生就被开除了。

"洋鬼子"问，谁跟着一起闹风潮了？

一伙学生面面相觑，都默不作声。

闹风潮不过是因为伙食不好，补塘先生没有参加，因为出身贫寒的他，对伙食并没有太高的要求。可是他看到自己的伙伴平常那么勇敢而起劲地大喊大叫，而此时因为怕开除，个个都缩着脑袋，不敢作声，平常那股勇气也不知都到哪里去了，他不由得心头冒火，挺身而出，大声说："还有我！"

"洋鬼子"冷笑一声："好得很。"

于是，他就陪着那个广东同学一起被开除了，风潮从此平息。那是1897年的事。

开除，对于补塘先生来说，是很残酷的一件事。像他这样寒素人家的子弟，考入公费学校，境遇就算是很不错的了。而开除就意味着会失去公费，而失去公费于他，就等于失学。可是，补塘先生情愿失学，也不愿在"洋鬼子"面前低头。幸亏他聪明过人又学习勤奋，被北洋大学堂开除后，立即考入南洋公学。

南洋公学是近代有名的官僚盛宣怀创办的。南洋公学于光绪二十二年（1896年）在上海建立。南洋公学的经费来自电报、招商两局。共分为四院：师范院，即师范学堂；外院，即附属小学；中院，即二等学堂（中学堂）；上院，即头等学堂（大学堂）。师范院训练一年以上，挑充各院教习。外院、中院、上院均为四年制，三组相衔接，逐年递升。补塘先生亦是南洋公学的第一届学生。

1898年，补塘先生由上海回到家乡，与唐须嫈小姐完婚。当时补塘先生还是个学生。法国作家莫洛亚曾说：

"许多古老及大多数东方文明社会将婚姻关系强加于一方或双方皆不同意的男女之上。十九世纪的法国多数的婚姻都是已经被安排好了,有的被神父,有的被职业性媒人,或公证人,但多数是被双方的家庭所安排。这种婚姻有不少是很美满的,而且甚至比恋爱的结合更快乐。"(《生活的艺术》)补塘先生的包办婚姻一如莫洛亚所说,比恋爱的结合更快乐。

1899年,补塘先生由南洋公学派送到日本留学。上海南洋公学派送的留日学生只有六人,补塘先生是其中之一。他们和各省派送的留日学生一样,初到日本,语言不通。日本文部省特设日华学校,教中国学生语言及补习科学知识。9月,补塘先生入日本早稻田大学,当时这所大学称作"东京专门学校"。1900年,留日学生成立励志会,补塘先生是最早加入励志会的成员之一。1900年的下半年,他和好朋友杨廷栋、雷奋创办了《译书汇编》,这是留日学生自办的第一本杂志,专门译载欧美政法名著,诸如卢梭的《民约论》、孟德斯鸠的《万法精理》、穆勒的《自由原论》等书,这些译著曾在留学生中风行一时,深受欢迎。

1901年,补塘先生和他的朋友们在日本东京创办了《国民报》,他常常为《国民报》撰稿。东京《国民报》以英国人"经塞尔"名义发行,借此避免清公使馆的干涉。"经塞尔"其实是留日学生冯自由的父亲冯镜如的外国名字。后来因资本告罄,《国民报》停刊。1902年在上海发行的《大陆》月刊继续鼓吹革命,实际上它是《国民报》的续编。补塘先生那时仍然是《大陆》月刊的执笔者。1901年的暑假,补塘先生从东京回到家乡,满腔热忱,他很有信心地聚集同志在家乡创办了励志分会,以讲授知识为名,宣传反清反封建的革命思想。

1902年4月,补塘先生在日本早稻田大学本科毕业,此后回国。7月,他与同学雷奋、杨廷栋同被派往译书馆译书。译书馆原称译学馆,是"北京同文馆"的前身,庚子事变后,改称译书馆。

1903年的译书馆因经费支绌,停办。补塘先生回到家乡,和留日学生蔡文森、顾树屏在无锡创办了"理化研究会",提倡研究理化并学习英语。同年,他还在《时事新报》社、上海《苏报》社任编辑,并撰稿。

1904年,他前往上海,一面为报社撰稿,一面在中国公学、务本女校、澄衷中学教课。

1905年的暑假里补塘先生回到家乡无锡,在俟实学堂公开演讲,鼓吹革命,又拒绝对堂里的祖先叩头,同族里有人曾气愤得要驱逐他出族。无锡乡绅——驻意大利钦差许珏更愤然说:"此人该枪毙。"而补塘先生的革命宣传又让他招致清廷的通缉。

于是,1906年初,补塘先生筹借了一笔款子(一半是由其岳父借助),避往日本。9月,经考试,他入早稻田大学研究科，专攻法律，1907年7月，获早稻田大学法学学士学位。随后他即到美国入宾夕法尼亚大学法学院。初到美国，补塘先生住在一位校长家里学习英语，同住宿的还有几个美国青年。那时，他的英语还不过关，无法应付日常生活。他要问字典上查不到的家常字如大小便之类，同学不敢回答，特地问过校长，经准许才敢教他。

1910年，补塘先生获宾夕法尼亚大学法学硕士学位，游历了西欧及其他国家之后，这年秋天才返回家乡。补塘先生在美国待了四年多，在这四年里他埋头读书，对西方的民主法治产生了很大兴趣，原先的"激烈"，渐渐冷静下来。

回国后，补塘先生由当时的立宪派代表人物，也是大资本家的张謇的推荐，于1911年来到北京，在北京政法学校教课。阿季就出生在那一年。

那时候，为宣统"补政"的肃亲王善耆听说补塘先生是东西方法律的行家，就请他晚上到王府讲授法律课。从美国留学归来的补塘先生这时对清王室已经没有丝毫幻想和信任，他称慈禧为祸国殃民的无识"老太婆"。

补塘先生的朋友包天笑在一部以清末民初为背景的小说《留芳记》里曾提到过这件事。肃亲王是一个思想较为开明而又毫无实权的人，补塘先生为他讲法律只是为了贴补家用，因为法政学校的薪水不够维持生活。

辛亥革命前夕，补塘先生辞职南归，道别的时候，肃亲王拉着他的手说："祝你们成功。"言外之意，他和补塘先生是属于不同立场的人。

补塘先生回到上海后，在《申报》任编辑，同时他也是上海律师公会创始人之一。当律师仍是为糊口计。当时，他的家累是非常沉重的，整个大家庭的负担都落在他一个人身上。他不仅要维持自己一家六口（他们夫妻二人加上四个女儿）的生活，还要赡养自己的老母亲，还有大哥一家。补塘先生的大哥在武备学校学习，一次试炮失事，大哥在轰然一声炮响中丧生，很凄凉地留下了妻子和一双儿女。补塘先生不但要负担大哥一家的生活费用，还要负担大哥两个孩子的学费。除此，补塘先生还要负担两个妹妹的生活费用和学费。当时，他的二妹在上海启明女校读书，三妹在苏州景海女校读书。虽然他还有一个弟弟在美国官费留学，但弟弟还没有学成，还不能帮补塘先生一把。

1915年，几经周折，补塘先生又回到北京，任京师高等检察厅厅长。这时的补塘先生已是一个经历人生风雨，年近不惑的中年人了。豪爽、热忱之中已一点点添入岁月的沉稳和深思。

然而，没过几年安静的日子，他又一次按捺不住，拍案而起，就像当年在北洋闹风潮时一样，他的壮举令京城百姓无不拍手称快，但却让政府和官员们惊讶而无法容忍。

第四章
"细事"和背影

朱自清先生的《背影》,在初中的课本中,我们就学习过了。这篇纪实散文,像一首凄清、哀婉的歌,缓缓流淌着父子间的相爱相怜的情感。铭刻在朱自清先生心中的背影,是在他到北京求学的车站上。那时,他已是一个多少经历了些人生动荡和变化的青年学子。而母亲铭刻在阿季心中的背影,却是在阿季六岁的时候。小小的一个女孩儿,却有那样特别的"别是一般滋味在心头"。

阿季的父亲和母亲虽然是一对旧式夫妇,但两人之间却无隔膜,好像是一对老朋友,比许多自由恋爱而结合的夫妻都有着更多的共同语言,相爱之深,亦令子女铭记在心。

就像杨绛先生自己所说:"我父母好像老朋友,我们子女从小到大,没听到他们吵过一次架。旧式夫妇不吵架也常有,不过女方含有委屈闷在心里,夫妇间的共同语言也不多。我父母却无话不谈……他们有时嘲笑,有时感慨,有时自我检讨,有时总结经验。两人一生中长河一般的对话,听来好像阅读拉布吕耶尔《人生与世态》。……"

补塘先生夫妻间的至情相爱与相互体贴,无疑像一片温暖的阳光，给相继来到人世间的儿女们的童年增添了许多快乐。

在阿季的眼里，父亲年轻时是一个豪爽、快乐的人，无论是"壮举"，还是"败走麦城"，在父亲的言谈中都是幽默的笑资。比如，他被北洋大学堂开除这件事，在他自己看来，只是一件非常滑稽的事。

有一次，父亲拿出一张1908年8月中国留学生在美国马萨诸塞州开代表大会时的合影给阿季看。正中坐的是当时很有名的外交官伍廷芳，前排学生展着一面龙旗，后排正中两个学生扯着一面旗子，旗子上写着两个醒目的大字——北洋。补塘先生就站在这一排。他指着扯旗的一人对阿季说："这是刘麻子。"又指点这人、那人是谁，好像都很熟。他满面淘气的笑容，双手叉腰说："我是老北洋。"

不知阿季是不是也淘气地反问他："你不是被北洋开除了吗？"

父亲在日本留学时的趣闻，阿季和姐姐们听了都忍不住捧腹大笑。有个日本舍监偷吃中国留学生的皮蛋，还有个日本下女偷留学生的牙粉搽脸。牙粉搽在脸上会是什么样的感觉？像砌上一堵凉凉的白墙？快乐的留学生们还把这两件事总结为两句对联：

偷皮蛋舍监尝异味，搽牙粉丑婢卖风流。

父亲还会很潇洒地骑自行车。那个时代，也许自行车比我们今天的摩托车更时髦。在父亲的书桌上，有一张父亲扶着自行车的照片，母亲特地为那张照片配上一个小镜框。可那张照片只有阿季的大姐见过，后来就被父亲收起来了。至于父亲的种种革命"壮举"——创办《译书汇编》《国民报》，在家乡创立励志社分会、理化研究会，等等，父亲却只字不提，一笑置之。

及至年长之后，杨绛先生读到冯自由的《革命逸史》和《中华民国史》，两本书中都提到留日学生励志会里有激烈派和稳健派之分；激烈派鄙视稳健派，两派"势如水火"。补塘先生属于激烈派，他的一位同窗老友属于稳健派。可是，在小时候的阿季心里，父亲和他的老友的私交却并不"势如水火"。一直到年老时，她还记得父亲讲到他们同班某某是留学生监督的女婿，1900年被转送到美国留学，同班其他学生不服气，补塘先生就撺掇他那位稳健派的老朋友提出申请，要求也调往美国，理由是同窗杨某（补塘先生自指）一味鼓吹革命，常和他一起不免受他"邪说"的影响。但是，他们的"捣鬼"并没有成功。

而父亲在家乡创办"理化研究会"，虽然吃了许多辛苦，但父亲念念不忘的却不是什么辉煌的业绩。母亲稍稍闲下来的时候，曾向阿季和她的姐姐们形容为了创办理化研究会，补塘先生开夜车学理化，用功用得背上生了一个"搭手疽"，吃了许多"六神丸"才渐渐痊愈。

父亲就是这样一个做事认真而又豁达、幽默的人。而母亲却不一样。母亲向来不"激烈"，对人、对事的反应总是慢悠悠的。在杨先生随手写来的许多篇散文中，零零碎碎地忆及母亲，平和的文字中便不能自已地多出几分温暖的深情。

母亲和父亲一样，也是无锡人，家境想必是比较富裕的。因补塘先生遭到清廷通缉时，筹备了一笔款子，逃往日本时，那笔款子中有相当一部分是岳父大人提供的。1904年，当阿季的三姑母在上海务本女中读书时，母亲虽然已结婚，却也在务本女中随班听课。清朝末期，这样读书识礼的女子是不可多得的。婚后，孩子一个一个地相继出世，母亲的学业自然中断，也没有出外做事，而是很安心地留在家中，操持家务。一个家看上去也没有什么事情，无非是照顾丈夫、孩子，准备一日三餐。可是，要想把一个家料理得干净、舒适、温暖，却是很费精神和体力的。最平常的吃喝拉撒，却最琐碎劳神。普通家庭主妇都深有体会，家务事做也做不完，你还数不出你都做了些什么事，说起来真是没名堂。

阿季家的孩子多，母亲呢，好像从没有空闲的时候。她或是在厨房里忙，或是埋头做针线活，仿佛她手里有做不完的活。母亲是典型的江南女子，皮肤好，很白净，从不用脂粉。衣着也是普普通通的，大方、干净、合体。母亲做事时，忙碌中很自然地带着一种从容不迫的安详。

尽管母亲很忙碌，阿季和姐姐们小时候唱的儿歌却都是母亲教的。不知是在温暖的冬夜里，还是在夏日黄昏的山桃树下，母亲对她们的影响和培养，或许就是从这一首首儿歌开始的。

可是，母亲却很少有时间陪她们玩耍，总是被这事或那事绊住了手脚。阿季四五岁的时候，有一次在小木碗里剥了一堆瓜子仁，牢牢拉住母亲的手，求她"真的吃"——因为平常母亲总是只做个吃的姿势，并不真吃。那一次，母亲真的吃了，还把小木碗里的瓜子仁全吃了。也许她是看到了阿季一脸的期待，为阿季的快乐而吃尽的。直至杨先生自己成了一个上年纪的老人时，还忘不了当时的惊喜和得意。

最使阿季难忘的是她六岁那年的冬天。那年冬天，北京很寒冷，风雪弥漫。有一天晚饭后，外面忽然刮起大风来。北方的风，风沙大，阵阵尘埃，铺天盖地，迷得人眼睛都睁不开。不知在忙什么事情的母亲，从呼啸而过的风的嘶吼中抬起头来，很着急地说："啊呀，阿季的新棉被还没有拿出来。"她叫人点上盏洋灯，匆匆穿过后院到箱子间去开箱子。

温暖的屋子外面，除了风沙，便是一片黑暗的夜空。母亲手中的那盏洋灯，在风中和黑暗中摇摇晃晃的，母亲的背影仿佛院子南边篱下没有长成的小山桃树一般，会被大风吹折似的。

阿季在温暖的屋子里,背灯站着,眼泪几乎要夺眶而出。她不懂自己为什么想哭,却正是这一桩"细事"使她"别是一般滋味在心头"。

父亲的豪爽,母亲细致入微的爱抚,就这样滋润着阿季无忧无虑的童年。

第五章
"三伯伯"和花神

在阿季的童年生活里,除了为她遮风挡雨的父母亲外,还有一位长辈的形象是抹不去的。那便是她的三姑母——杨荫榆先生。

小时候,阿季一直称她为"三伯伯",是因为三姑母离婚后没有再嫁吗?不得而知。

阿季的"三伯伯"杨荫榆是一个个人经历、情感都颇为复杂而坎坷的人。她就是在女师大事件中被鲁迅怒斥为"封建的卫道士""广有羽翼的"女师大校长。而当苏州沦陷日寇手中时,她却骂敌遇害,死得很悲壮。

岁月淡淡地流淌而去,时代的列车轰轰烈烈地往前开,而在当年惊心动魄的风潮和战争中留下了自己身影和足迹的人,都仿佛车窗外一瞥即逝的田野、河流、树木,被远远地抛在列车的后面。杨荫榆先生于现在的我们而言,遥远而陌生。就像杨绛先生所说:"提及她而骂她的人还不少,记得她而知道她的人已不多了。"

小时候,阿季和她的三姑母——"三伯伯"并不亲近。也许是因为"三伯伯"总是在学校里忙,阿季也就总觉得她是学校的人,而不是家里的人。等阿季稍稍长大一些后,"三伯伯"的性格突然变得有些怪怪儿的,对母亲本能的至爱深情,使她对那时长住在自己家里的"三伯伯"不免抱着些冷淡的情绪。"三伯伯"去世多年后,中国社会科学院近代史研究所写信给杨绛,希望她在写补塘先生传记时,一并将杨荫榆写入其中,杨先生提起笔来,很直爽地写道:

> 我不大愿意回忆她,因为她很不喜欢我,我也很不喜欢她。她在女师大的作为以及骂敌遇害的事,我都不大知道。可是,我听说某一部电影里有个杨荫榆,穿着高跟鞋,戴一副长耳环。这使我不禁哑然失笑,很想看看电影里这位姑母是何模样。认识她的人愈来愈少了。也许正因为我和她感情冷漠,我对她的了解倒比较客观。我且尽力追忆,试图为她留下一点比较真实的形象。

杨先生的回忆是从自己的童年开始的。在那些并不连贯的一件件生活小事中,杨荫榆很客观地走到我们面前——音容笑貌,栩栩如生。其实,世界上最复杂的就是人和人的感情——剪不断,理还乱。很难用"好"与"坏"将一个人断然划分,不像区分黑与白那么分明、简单。

掩卷杨先生长长的回忆,觉得称杨荫榆为"三伯伯"

似乎颇为合适,她挣脱不幸的婚姻,一心投入社会,很想有所作为,是一个很要强,又颇带几分男人气概的女人。

杨荫榆一辈子的坎坷和曲折,仿佛和她不幸的婚姻是分不开的。俗话说:"婚姻是女人的第二次投胎。"而对阿季的"三伯伯"杨荫榆先生来说,婚姻则是一个黑暗的陷阱。

杨荫榆比补塘先生小六岁,因生于甲申年(1884年),故小名申官。其实,她并不像隔着一段陌生岁月的现代人所想象的那样——穿着高跟鞋,戴一副长耳环。阿季开始对"三伯伯"有印象是在她五周岁的时候。在一个五岁小女孩儿的眼里,"三伯伯"虽不美丽,可是也不能算丑。她黑黝黝的皮肤,双眼皮,眼睛清亮而有神气。她一笑,嘴角就会现出两个细细的酒窝。"三伯伯"身材细长,虽然裹过小脚,但穿上合适的鞋,也不大看得出来。阿季注意到她是穿过耳孔的,不过耳垂上的针眼儿早已结死,阿季从没有见她戴过耳环。

可是,阿季的祖母,即"三伯伯"的母亲却不怎么疼爱"三伯伯",因为她比不上出嫁不久就因肺病去世的大姑母漂亮。母亲的偏心,或许从小就刺伤了她的心。

母亲有一次当着她的面,拿着一张她的照片,说:"瞧她,鼻子向着天。"

"三伯伯"气呼呼地说:"就是你生出来的!就是你生出来的!"

反反复复的一句辩白,虽然是家人口中的笑谈,却凝结着几分"三伯伯"对母亲的埋怨和气愤,她鲜明的个性亦跃然而出。

杨先生说:"我觉得三姑母实在有理由和祖母生气。"因为"即使她是个丑女儿,也不该把她嫁给一个低能的大少爷"。和补塘先生一样,"三伯伯"的婚姻也是包办的,只不过是由祖母一个人包办的,因为那时祖父已经去世了。和补塘先生不一样的则是,补塘先生得到的是幸福,而"三伯伯"却好似掉进了黑暗的陷阱里,而那种伤害在她并不怎样长的一生中留下了抹不去的阴影。

祖母给她定亲时,恪守传统思想——只求门当户对,因此并不清楚对方底细。而那时,补塘先生远在日本,也未能保护这个没有得到母亲多少疼爱的小妹妹。补塘先生的妻子倒是在娘家听说过那个蒋家少爷,曾向婆婆提出反对这门亲事,可是白挨了几句训斥,祖母看重的是蒋家的门当户对。

"三伯伯"嫁到蒋家去的时候还不到十八岁。婚后,家人才知道那位傻少爷成天咧着嘴,嘴角拖着长长一线哈喇子,很令人恶心地露出一颗颗紫红的牙肉。"三伯伯"在蒋家的日子想必是非常难过的,像她这样敏感而又有鲜明性格的女子,如何整日面对一个流着哈喇子的傻少爷?这桩婚姻比张爱玲的小说《金锁记》中曹七巧所面对的现实还要残酷,七巧是小户人家的女子高攀大户人家,贪图

的是钱。而"三伯伯"有什么可贪图的呢?

蒋家是个大家庭,而"三伯伯"的婆婆又很厉害,方圆有名。她的儿子虽然傻,却是个独子。想必"三伯伯"的婆婆和大多数母亲一样,并不嫌弃儿子的傻,而因为这份残缺,再加上是独子,对这个傻儿子反而呵护有加。"三伯伯"在婆家的日子,也因此格外难过。有时,傻少爷犯了病,疯疯癫癫地纠缠"三伯伯","三伯伯"为了保护自己,便和傻少爷厮打,把傻少爷的脸都抓破了。婆婆对她当然冷若冰霜。每次回娘家,"三伯伯"都不愿再回夫家去,能拖一天算一天。婆婆却不容她多住,先是很客气地抬轿子来接,"三伯伯"若推托不回去,又派老妈子来接,"三伯伯"只得眼泪汪汪地硬着头皮回去。

可是,年轻的"三伯伯"却不甘心永远这样面对嘴角成天流着哈喇子的傻少爷和面带冷霜的厉害婆婆。有一次,她回到娘家后,就死也不肯再回去了,抬轿子来接也罢,派老妈子来催也罢,反正她是不回去了。她婆婆笑里含怒,亲自上门来接她。"三伯伯"虽然生性要强,但对她婆婆却有几分惧怕。见婆婆进了门,"三伯伯"就躲在母亲大床的帐子后面,不肯去见她。那位厉害的婆婆,竟然毫不客气地闯进"三伯伯"母亲的卧房,把"三伯伯"给揪了出来。

人在最无奈的时候,也许就无所畏惧了。被逼到这个地步,"三伯伯"也就索性撕破了脸皮——"我就是不回去"。

从此，她和夫家断绝了关系。

"三伯伯"走到这一步，在当时是很不容易的，是需要很大的勇气的。她离开夫家后，不但她的公公婆婆不原谅她，连周围的许多人也跟着骂她是"灭门妇"，因为她不愿为蒋家生儿育女。

还是补塘先生的归国，使"三伯伯"的生活有了一个重要的转机。1902年，补塘先生从日本回到祖国，在家乡无锡和朋友一起创立理化研究会。阿季的二姑母和三姑母都参加了学习，据说那是最早有男女同学的补习学校。两个姑母都不坐轿子，步行上学，很令众人吃惊，开了风气之先。

后来，由补塘先生资助，"三伯伯"终于如愿以偿地去苏州景海女中读书了，她在景海读了两年左右，就转到上海务本女中。务本女中毕业后，于1907年左右考得官费到日本留学。1913年她于日本东京女子高等师范学校毕业，并获得奖章。阿季见过那枚奖章，是一只别针，但不知是金的还是铜的。毕业后，"三伯伯"当年就回国了，先在苏州女师任教务主任。随后，于1914年来到北京，在女高师工作。

阿季是个早慧的孩子，五周岁就上小学一年级了。她的启蒙小学就是女高师附小。而那时，"三伯伯"则是女高师的"学监"，而阿季还是"三伯伯"喜欢的女孩儿。

那时的小学生，中午在学校吃饭。阿季很喜欢大家一块儿在学校吃饭的快乐，同学们热热闹闹地坐在一起，饭菜似乎变得格外地香。有一次，正是吃饭时，"三伯伯"带着几位来宾进饭堂参观。饭堂里叽叽喳喳的说笑刹那间了无声息，静悄悄地沉入肃然的气氛中，大家都埋头专心吃饭。阿季背门而坐，她比别人都小一些，吃饭也吃得仿佛"幼稚"些，嘴巴像个漏勺，饭碗前掉了好些米粒。"三伯伯"从阿季身边走过，低头附在她耳边，小声叮嘱她："粒粒皆辛苦。"阿季赶紧把米粒儿拾起来，一粒一粒塞进嘴角里，别的同学看阿季把饭碗前的米粒捡起来吃了，一个个都把掉在桌上的米粒捡起来吃了。"三伯伯"望着全都是梳着两根短辫儿的女孩子们，嘴角现出两个小小的酒窝儿，很高兴地笑了。

那时候，"三伯伯"的性格一点儿也不怪僻，对阿季和她的同学都很喜欢似的。

因"三伯伯"在女高师做"学监"，女高师的学生们就时常带阿季到大学部去玩。大学部对阿季来说，遥远而新鲜。就像所有普通的小女孩儿一样，她对那些大学部的女生们，还有那种她还未能进入其中的神秘氛围都心存几分新奇。走在那群叽叽喳喳的大学生中，她是很快乐的。去大学部的时候，常看到"三伯伯"伏在宽大的写字台上忙着写字，也没有工夫理会她。而大学生们最喜欢带她玩的便是荡秋千。

总是有一个大学生带着她荡。有时她坐着，有时她也和大学生一样站着。秋千慢悠悠地荡着，渐渐像鸟儿张开翅膀似的飞向天空，高高地荡起来又重重地落下去。阿季两手紧握粗粗的绳子，心里怦怦乱跳，有点儿害怕，可是却不敢说。但她还是喜欢荡秋千，一次又一次地跟着大学生们在风中和快乐的笑声中上下飞扬。

有一次，女高师的大学生们开恳亲会，演三天戏，一天试演，一天请男宾，一天请女宾。大学生们便"借"阿季去做戏里的花神。几个大学生着实把她好好地打扮了一番：先把她的牛角小辫儿盘在头顶上，接着把一朵朵花插在盘好的小辫儿上，并且在她的衣服上也贴满金色的花。这便是花神，快乐、神气，还有许多大学生环绕着她——小小的、可爱的花神。还有一次开运动会，一个大学生跳绳，老师让阿季钻到大学生身边像卫星似的绕着大学生的周围跳，还教她说事先准备好的套话。运动场很大，小小的阿季站在运动场上，只觉得天高地阔，自己仿佛真的是绕着大学生的一颗小星星那么渺小。她本是个文静的女孩儿，从不张扬，所以当她背着事先准备好的那套话时，声音很细小，心上只担心跳绳绊住了脚可怎么办，事后，老师笑她："你说了什么话呀？谁都没听见。"

这些琐细的童年里的快乐，都是和"三伯伯"分不开的。杨先生后来回忆说：

> 我现在回想，演戏借我做"花神"，运动会叫我

和大学生一同表演等等，准是看三姑母的面子。那时候她在学校内有威信，学生也喜欢她。我决不信小学生里只我一个配做"花神"，只我一个灵活，会钻在大学生身边围绕着她跳绳。

在阿季全家随父亲南归的前一年——1918年，"三伯伯"由教育部出资赴美留学。那时候，"三伯伯"最喜欢阿季，特地叫大姐姐带着阿季到车站送行。

可是，阿季和"三伯伯"从来不亲，她有点儿怕"三伯伯"，总觉得她是学校里的人，而不是家里人。"三伯伯"一个小小的"考验"让阿季"耿耿于怀"。

那是张勋复辟时的事。张勋复辟只有短暂的十二天，但辫子军却把整个儿京城闹得沸沸扬扬，人心不安，很多人家为此逃离了北京。补塘先生没有带着家人离开北京，只在他的一个英国朋友波尔登先生家避居了几天。阿季记得那一天，母亲给她换上新衣服，让"三伯伯"带她先到波尔登先生家去，因为父亲还没有下班。波尔登先生在一个中国小女孩儿面前显得很高大，蓝眼睛，白皮肤，脸上长着大菱角胡子。他很热情地把"三伯伯"和阿季请到他的书房里，"三伯伯"坐在波尔登先生的对面，和他用阿季听不懂的外国话交谈。他们谈兴很高，阿季垂着小短腿坐在旁边的椅子上，听着他们没完没了的外国话，觉得又闷又没有兴趣。天渐渐地黑了下来，阿季开始着急了——怎么还不回家？她不时地用着急的目光去催促"三伯伯"，可"三伯伯"却躲避着不回应她的催促。波尔登先生看出她心里的焦急，微笑着用北京话对她说："你今天不回家了，住在这里了。"阿季回望"三伯伯"，"三伯伯"却笑而不答。阿季很生"三伯伯"的气，不知她和这个长着满脸大胡子的英国先生会怎样摆布她。好在正当她愁得不可开交时，父亲和母亲一道来了，阿季这才放下心来。可是，从那以后，阿季常常在心里拒绝"三伯伯"。

但是，阿季还是跟着大姐姐到了火车站为"三伯伯"送行。令阿季吃惊的是，她没有想到会有那么多的人为"三伯伯"送行。其中还有阿季的老师。一位老师和几个大学生哭得抽抽噎噎。

"三伯伯"站在火车尽头一个小阳台似的地方，也是满面泪水。汽笛声响，车轮慢慢地滚动起来。"三伯伯"扬起手来，不断地挥手，又不断地擦眼泪。月台上，"三伯伯"的几个学生竟放声大哭，还有很多的人也在擦眼泪。

留在阿季心上的是一片令人伤心的哭泣声。"三伯伯"在送行的学生、同事们依依不舍的泪水中再次离开自己的祖国。

这一天，也是"三伯伯"生平最得意、最可骄傲的一天。

可是，有谁能料得到呢，等待"三伯伯"的漫漫人生旅程并不都是值得骄傲的鲜花和微笑。

第六章

回 南

1919年，阿季已经八岁多了，上初小三年级。她无忧无虑的童年生活突然出现了波澜。事情发生在两年前的春末夏初，阿季却浑然不知。直到1919年初秋的一天傍晚，她在院子南边篱下的山桃树下捡山桃，三姐走过来对她说："别捡了，咱们要回南了。"

阿季很茫然，她不懂什么叫"回南"。

可是，三姐的脸上挂着初懂世事的忧虑。

其实，阿季已经回过南。她虽然出生在北京，但不久便跟着父母回南了——上海、无锡、苏州。那是辛亥革命前夕，她太小，路途的颠簸和曲折，全没在她的意识里留下印象。

而这一次"回南"，还是父亲的缘故。父亲出了什么事呢？

阿季恍惚想起，不知什么时候家里的马车突然没有了，两匹马也没有了。大马、小马不知哪儿去了，没有了马和马车，家里的院子显得空荡起来，仿佛也没有过去热闹了。

这一年夏天很热，太阳天天像个大火球似的挂在没有风沙的天空中。那么燥热的大暑天里,父亲却和一位喜欢诗的植物学家黄子年一同去百花山采集植物标本。父亲去了长长的一星期才回来,一张脸被太阳烤成了紫赤色。

原先整日都在忙碌的父亲,好像突然有了大把大把的时间。他把从百花山采集回来的每一棵野花和野草的枝枝叶叶,用狭窄整齐的纸条加固在白而厚的大张纸上,下面注明是什么植物,叫什么名字。中文下面是拉丁文。父亲做这些事时,仿佛沉浸在一种悠闲、清静的快乐中,小心翼翼,一丝不苟。阿季呢,一直站在旁边仔仔细细地看着父亲做标本。她满心的佩服——父亲干活那么利索,剪下的小纸条是那么整齐,写的字又是那么好看,而且从不写错。父亲在每张纸上都蒙上一张透明的薄纸,积成厚厚的一叠,又用夹子上下夹住,使劲用脚踩扁,再用绳子牢牢地捆住。

可是,阿季不明白,父亲为什么对这些花花草草充满兴趣和情感?平常,阿季和姐姐们到万牲园(即现在的动物园)去看狮子、老虎,父亲总是一个人去植物园,流连忘返。植物园有什么好看?树就是树,花就是花,没有狮子、老虎们威武的吼叫,也没有狮子、老虎们敏捷的跳跃。

也许,对一个不以做官为荣、为目的的人来说,遭到官场"难与共事"的打击,最好的安慰便是与植物相对。大自然的欣欣向荣和生生不息,清洗着人世的混浊与卑微。

补塘先生不是一个在官场左右逢源的人。从美国留学归来后,几经周折,他在北京任京师高等审判厅厅长、京师高等检察厅检察长、司法部参事等职,他看清了政府的腐败,而"宪法"不过是一纸空文。他早想辞官不干了。

1917年5月,他又一次拍案而起——拘捕了身居高位的交通部许总长,并且很严厉地断然拒绝保释,坚决地和北京的行政首脑"顶起牛"来。拘捕许总长的那一夜,无数电话打来,整整一夜没停。而且这些电话全都来自上级,或很客气的说情,或很不客气的威吓,补塘先生一概不予理睬。

第二天,他就被停职审查了。

这件事在当时是很轰动的。一个检察长,竟胆敢拘捕一个在职的交通部总长,不准保释。京城官场一片哗然,官员们恼羞成怒。百姓自然是拍手称快。上海方面当时最有影响的《申报》,于1917年5月25日和26日连续报道了这件事——"声辩中之高检长惩戒案"。它将司法部关于杨荫杭停职审查的呈文与杨检长的《申辩书》一并刊登在报纸上,案件孰是孰非,民众心中自有评判。

许总长何许人也?他是一个贪官、腐败之官。可是在当时,官场黑暗,官官相护,秉公办案的补塘先生非但没有受到表彰,反被停职审查。司法部在其呈文中说:

……本月四日，京师高等检察厅，将许世英传讯拘禁于看守所，并搜索其家宅，既未奉令交办，亦无人告发，而又乏相当之犯罪证据。仅以报纸之攻击、议会之质问、道路之传闻为理由，即行传讯拘禁及搜索，实属意气用事，违背职务。若不加以惩处，恐司法官流于专横，以国家保护秩序之法权，为个人挟嫌报复之利器，必至法厅失其信用，社会蒙其弊害……拟请将京师高等检察厅检察长杨荫杭及检察官张汝霖均以明令停止职务，交司法官惩戒委员会议处。……

而补塘先生丝毫不肯向官场低头，他在《申辩书》中一条一条地驳斥了司法部的呈文，并慷慨激昂地写道：

……查检察官职司搏击，以疾恶如仇为天职。昔哲有言：见不仁者诛之，如鹰鹯之逐鸟雀。此诚检察官应守之格言。因检察官本不以涵养容忍为能事也。故谓敝厅为"雷厉风行"则近之；言敝厅为"意气用事"则不能然。即以"雷厉风行"言，敝厅亦不敢冒此美名。敝厅办理此案，始终出以冷静，出以和平，故许世英到厅，听其乘自动车，到厅后听其入应接室，而未入候审处。故谓敝厅为过于宽待则近之。谓敝厅为"雷厉风行"则尚觉受之有愧。……

这段话的大意是：检察官的职责是敢于和不良倾向做斗争，以疾恶如仇为天职。我们古代的先哲曾说：见到不仁的人，杀掉他，如同老鹰追逐鸟雀。这是检察官应恪守的格言。因检察官本来不是以自己的涵养容忍为美德。所以，以"雷厉风行"形容我厅这次行动，则比较接近；如果指责我厅"意气用事"则不当。即便说我厅"雷厉风行"，我厅也不敢担此美名。我厅办理此案，始终是很沉静平和的。所以许世英到我厅，是乘坐他自己的汽车。到厅后，让他进入接待室，而没有让他去候审处。所以，说我厅对许世英过于宽待则比较接近；说我厅"雷厉风行"则受之有愧。

对补塘先生的《申辩书》，司法部视而不见。他们手中的权力就是主宰人世的"真理"。许总长自然得到保护，而补塘先生却被停职审查。

停职在当时就是停薪。而补塘先生一家是靠薪水过日子的。当时补塘先生的心境和处境是可想而知的。

俗话说：祸不单行。1917年下半年，补塘先生夫妇又经历了一次沉重的情感打击。这年6月，张勋复辟，整个京城乱糟糟的。当阿季和家人避居波尔登先生家时，在上海启明女校上学的大姐和二姐却没能回到北京。几年前，当补塘先生在上海时，阿季的大姐、二姐相继考入了上海启明女校。1915年补塘先生再次北上时，大姐和二姐就留在了上海，上寄宿学校，只在暑假回家和父母弟妹团聚。这年暑假,大姐、二姐未能回北京,只好到无锡老家去过暑假。当时,大姐、二姐都才十五六岁,非常想家,整个暑假都是在对家的思念中度过的。二姐回校不久得了伤寒,住进了医院。母亲得知二姐生病住院的消息时,正值天津发大水,火车不通,她忙乘轮船赶往上海。可是,当母亲赶到二姐身边时,二姐目光已经涣散,无法看清母亲的脸了,只拉着母亲的手,哀哀地哭泣,随即便离开了人世。那一年,她才十五岁。在阿季的姐姐妹妹中,二姐阿同是最聪明的一个。失去二姐,也是阿季父母一生中的一大伤心事。

经历了这种挫折和打击,1919年,补塘先生决定辞官回南。

离开北京时,已是天高云淡的清秋了。那天早晨,阿季跟着家人回南。路上碰上一个平常并不要好的女孩儿,阿季怔怔地看着她,非常想让她捎句口信给同学,说自己"回南"了。虽然这时阿季不过是个八岁的小女孩,但她心上也很怅然。

到了火车站,阿季心上的那份怅然很快被自豪所代替。因为,为补塘先生送行的人很多,比"三伯伯"赴美留学时送行的人还要多。送"三伯伯"的人多是她的学生,怀着一片依依惜别之情。为补塘先生送行的人,除了怀有一片依依惜别之情,更多的还是对补塘先生高风亮节、刚直不阿的敬重之情。所以,小小阿季感到快乐和自豪。

一家人由北京乘火车到天津,住了一两天客栈,再转搭"新铭"轮船到上海。那时,二姐已去世,阿季只有大姐和三姐了,下面还添了两个弟弟和七妹。六个孩子,还有七七八八的行李,本来就够忙碌的了,而母亲,在家里时她是孩子们心目中万能的"上帝",可是上了轮船,她又吐又晕,弱得可怜,一切全得仰仗父亲。

从天津上船时,父亲亲自抱着七妹。他一面护着一大家人,一面押着大堆行李上船下船。阿季记得船到上海时,他们六个孩子在父亲的带领下,很有秩序地下了轮船又上拖船。

拖船是由小火轮拖带的小船,一只火轮船可以拖一大串的小船。补塘先生预先包好一只拖船,行李堆在后舱,一家人都坐在前舱,拥挤而杂乱。晚上,补塘先生把左右两边座位中间的空处搭上木板,就很神奇地变出一张大床。三姐着急地说:"我的脚往哪儿垂呀?"

疲惫不堪的旅途中,补塘先生仍不失幽默,他望着女儿,笑道:"好讲究!脚还得往下垂吗?"

孩子们也跟着爸爸笑了,远远地丢开了疲惫和困倦。于是,在那张大床上,大家你推推我,我挤挤你,全都觉得全家人同睡一张大床很好玩。脚自然是不用往下垂啰。

小拖船里一片快乐的笑声。

八岁的阿季,还是个小女孩儿,不懂人间疾苦。她和她的弟弟妹妹们一样,还不知道等待着他们的未来将是什么。

第七章

八岁之缘

一路颠簸,磕磕绊绊,他们总算从北京回到了老家无锡。回到无锡后,补塘先生夫妇不想住老屋,便很匆忙地四处找房子。亲友介绍了一处,去看房子的那天,不知为何,补塘先生夫妇只带了阿季一人同去。

也许,这就是缘分。世界有时很大,有时又很小。当时,钱锺书家正租住在那所房子。那是杨先生第一次去钱家,那时两家并不认识,阿季自然也就不会认识住在那座大院子里的钱锺书。但那座大院子还是在八岁的阿季心里留下了深深的印象:院子门前很空旷,两棵枝叶茂密的大树遮下一片荫凉。院墙很高,是粉白色的。粉墙高处有一个个砌着镂空花的方窗洞。院子的大门前有一面大照墙,照墙后面是一条河,清清的河水自门前流过……

补塘先生没看中那所房子,因为住在那所房子里的一位热心的女眷告诉阿季的母亲,她自从搬进那所房子后,就没有离开过药罐子。很多年后,钱先生告诉杨先生,和她母亲说话的可能是他的婶婶。因为那所院子很大,有前后三进,叔父和婶母住在最外一间房子里。去看房子的补塘夫妇大概是在那儿碰见他婶婶的。当时,钱家也嫌房子阴暗,但却没有搬出。

和阿季不同,钱锺书的童年没有过"北上",自然也就没有很怅然的"回南"。钱锺书的童年就是从这座大院子开始的。这座大院子也许像鲁迅先生笔下的三味书屋,曾给过童年的钱锺书许许多多淘气的快乐。而那些淘气的快乐,也浸润着书香世家的书卷气。

钱锺书先生的父亲——钱基博先生,是一位有名望的学者,他一辈子都沉浸在我们民族深奥的国学研究中。而那些深奥的国学,在我们平常人眼中,不免带着些艰涩和沉重。

钱基博老先生曾任清华大学、圣约翰大学、光华大学、蓝田师范学院等高等学府的教授。就是这位老先生,在钱锺书十六岁时,就将《古文辞类纂》《骈体文钞》《十八家诗钞》等卷帙浩繁的古诗文集一下子推到他面前,同时也将"三更灯火五更鸡"的苦读生涯推到一个十六岁少年的面前。可是,钱锺书的童年生活,更多的却是在伯父的关照和爱抚下度过的。

钱锺书的伯父比他的父亲年长十四岁,却一直没有儿子。所以,钱锺书一生下来就过继给了伯父。有时候,生活比小说有更多出乎人们意料的巧合。说来也真是巧,钱锺书出生的那天,恰巧有人给钱家送来一部《常州先哲丛书》,伯父便因此而给他起了个好名字——仰先,字哲良。周岁时,他抓周抓到的又是一本书,因而得正式大名:钱锺书。

伯父性格温和、淡泊功名,是钱锺书童年生活里最为亲近的长辈和朋友。小锺书过继给伯父后,伯父心里那份疼爱自不必说。他才四岁时,伯父就开始教他认字读书。但伯父并不怎样苛求,他咿咿呀呀,游戏一般。

钱锺书最初的启蒙,也许是从茶馆听说书开始的。父亲和叔父都有职业,家中事务则由伯父经管。每天早晨,伯父上茶馆喝茶,料理杂务,或和熟人聊天,小锺书也总是跟着去。茶馆常有说书的,每每闲暇,伯父亦闲闲地喝茶、听说书。

在西方,中产阶级的家庭,当孩子到了八九岁的年纪,父母便开始为他的前途、职业着想,对他进行严格的培养和教育。在我们这样古老的国度,长辈们为下一代人的着想,似乎更早一些,期望也更高一些。书香门第的家庭,更是望子成龙。

钱锺书的父亲见小锺书常常跟着伯父去茶馆、听说书,怕惯坏了孩子,又不便干涉,只好建议及早送他去上小学。钱锺书虚六岁便被送进了秦氏小学。秦氏小学就在他们家附近,是一所私办的蒙学。

初进小学的钱锺书,混混沌沌地跟着老师学识字造句,根本不知道用功,照我们现在的话来说就是还没有开窍。他还是想念着跟着伯父的快乐和自由:去茶馆、听说书,成天都可以玩。

有一天上课时，老师在课堂上教造句："狗比猫大，牛比羊大。"老师让大家仿造。一群七八岁的孩子，嘻嘻哈哈地你看看我，我看看你，比出一大堆来。其中一个拖着鼻涕的小男孩站起来，回答老师："狗比狗大，狗比狗小。"

课堂里一阵快活地哄笑。

胡须花白的老师拧着眉头问他："你再想想？"

想了一会儿，男孩还是回答："狗比狗大，狗比狗小。"

老师走过去，用教鞭敲着他的小脑袋，狠狠地瞪着他，用方言喝道："呒着呒落，痴哇？"接着便是一顿臭骂。

男孩子们低眉顺眼，不敢再瞎起哄。

上了半年学，小锺书大病了一场。伯父心疼他，舍不得让他去学堂，便以此为借口，让他停学在家。七岁时，他和叔父的儿子、比他小半岁的锺韩同去亲戚家的私塾附学。他念的是《毛诗》，锺韩念的是《尔雅》。锺韩比他小，读书却比他认真。此时，小锺书小说已囫囵吞枣地读过好几部，但却连阿拉伯数字"1、2、3"都不认识。锺韩放学回家还有叔父跟在后面教，而钱锺书呢？在杨绛先生的笔下，小锺书和伯父却是"老鼠哥哥同年伴"。

伯父还喜欢喝两口酒。喝酒前，他教小锺书打"棉花拳"，说是可以练软功。他用一根绳子从高处挂下一团棉花，教小锺书上、下、左、右打那团棉花。也许是因为小锺书从小一直体弱，伯父希望他锻炼得强壮一些。小锺书挥舞着细细瘦瘦的小胳膊，左一拳，右一拳。一会儿，他的额头便沁出热腾腾的汗珠。伯父在一旁，笑眯眯地鼓劲加油。练完拳，伯父喝酒，给小锺书的犒劳便是伯父的下酒菜。伯父虽然经管家务，手里却没有多少钱，只能买些便宜的熟食如酱猪舌之类，哄小锺书那是"龙肝凤髓"。伯父细细品酒，小锺书大嚼"龙肝凤髓"，爷俩共享，其味无穷。

父亲不免因此而着急，又不敢得罪伯父，只好逮着个空儿就把小锺书抓去，亲自教他数学。小锺书似乎对数字天生隔膜，几遍下来教不会，父亲又气又急，发狠要打，又怕伯父听见，想来想去，只好用手拧——拧胳膊、拧大腿，而且不许哭。

为了那些弯弯曲曲的阿拉伯数字、加减乘除，小锺书身上常常青一块紫一块，晚上脱衣睡觉，伯父发现了，又心疼，又气恼，不免责怪父亲。

而最令小锺书兴奋和快乐的便是同伯父一同去伯母的娘家。伯母的娘家在江阴，有一个大庄园。他们往往一住就是一两个月。他常常跟着伯父或其他庄客，顺着交错纵横的田间小路，闲逛。天空碧蓝，小鸟叽叽喳喳，好像在天和地之间撒下一颗颗珠子。一切仿佛王籍的名句所描述："蝉噪林愈静，鸟鸣山更幽……"天籁和寂静融为一片。人在那样开阔的田野里，心也变得开阔安静，更何况他一天玩到晚——捉虫、追狗、逮蛐蛐，随心所欲，并且无人管束他。

乡间的田野给予一个孩子的惊喜，也许是对大自然不由自主的亲近。很多年后，在和杨先生相濡以沫的日子里，钱锺书还常常向杨先生讲述田野里的四季景色："一次大雷雨后，河边树上挂下一条大绿蛇，据说是天雷打死的……"在乡间，打雷也和城里不同，城里打雷仿佛轰炸，震得房屋摇动。而在乡间，轰响的雷，仿佛从田野上滚动，像放鞭炮一样，一串串地炸响。雷声滚过，那长长的绿蛇就从树上垂挂下来，无精打采地死了，再也不能恐吓路人了。这样新鲜的乐趣是城里的孩子无法享受到的。

有时半夜醒来，伯父、伯母还没有睡。伯母娘家全家老少都抽大烟，伯父慢慢也跟着抽上了。乡间的夜晚，风吹草动，全是大自然的声响。远远的狗吠，虫鸣蛙啼；屋子里不甚明亮的灯；烟榻上伯父、伯母喃喃地低语，这样的夜晚本身就像一个梦。小锺书从梦中醒来，和微笑的伯父、伯母一块儿吃半夜餐——汤圆、汤包、各色各样的小点心。

快乐的时候，日子一天天变得很短很短，小锺书吃足玩够，穿着外婆做的新衣服，就该回家了。

可是，一回家小锺书就开始担忧，因为知道父亲是一定要盘问他的功课的。为了荒废的功课，他免不了要挨打。父亲不敢当着伯父的面管教小锺书，但是只要抓到个机会，他就会狠狠教训小锺书一番。不光是因为他荒废了功课，还因为他养成了晚睡晚起、贪吃贪玩的习惯，而这些习惯在父亲眼里都是不能容忍的坏习气。

在亲戚家附学，毕竟有种种不便。一年后，钱锺书和堂弟钱锺韩在家由伯父教。父亲和叔父都是伯父启蒙的，两个八九岁的孩子，伯父有什么教不了？

他们跟伯父读书，很是快乐，只在下午有课。每天早晨，伯父还是上茶馆喝茶，料理杂务。小锺书也还总跟着去。但他不再进茶馆，伯父花一个铜板给他买一个大酥烧饼吃，又花两个小铜板向小书摊租一本小说给他看。

钱家有的是书，但给孩子们看的书却只有《西游记》《水浒》《三国演义》等正经小说。书摊上租来的《说唐》《济公传》《七侠五义》之类是不登大雅之堂的，家里不藏。

小锺书手里握着碗口大的又香又酥的烧饼，坐在街旁边的小书摊旁，孜孜不倦，心也跟着天上地下神游。他也常常有感到纳闷的时候：一条好汉为什么只能在一本书里称雄？李元霸一锤子把对手的枪打得弯弯曲曲，可是他那对一百八十斤的锤头子怎敌得过孙行者的一万三千斤的金箍棒？而关公的青龙偃月刀只有八十斤，又怎敌得过李元霸的锤头子？他百思不得其解。

常常看到伯父来叫他，小锺书才想起回家。回家后，他又忍不住手舞足蹈地向两个弟弟演说他刚看完的小说：李元霸、裴元庆或杨林一锤子把对手的枪打得弯弯曲曲，等等。

钱锺书共有亲、堂兄弟十人。众兄弟间，他居长，和堂兄弟们的感情不输亲兄弟。他自己的亲弟弟们个个精精壮壮，唯他瘦弱、温和。而瘦弱温和的他，佩服的却是西楚霸王项羽。他还给自己起了别号——项昂之。"昂之"是他想象中的项羽的英雄气概。

说起"项昂之"这个别号，还是有一番来历的。那时候，中药房卖的草药每一味都有两层纸包裹：一张白纸，一张印着药名和药性。每服一种药，可攒下一叠包药的纸。钱锺书自小体弱多病，钱家又是个大家庭，便可常常攒下一叠一叠的包药的纸。这种纸干净、吸水，钱锺书自八九岁开始，就常常用这种包药纸来临摹伯父收藏的《芥子园画谱》，或印在《唐诗三百首》里的"诗中之画"。临摹时，他屏声静气，心和手中的笔都沉浸在弯弯曲曲的线条中，可当"诗中之画"的山水明月和小船出现在干净的白纸上时，他脑海里忍不住就会跳出栩栩如生的西楚霸王项羽的形象，他大笔一挥，便在画的一角署上"项昂之"的大名。一笔一画，横是横，竖是竖，清楚而有力量。他自己瞧着也得意非凡。精精壮壮的弟弟们都很喜欢这个温和而瘦弱的长兄，因为他不仅会画"诗中之画"，而且有一肚子神奇的故事。而这些神奇的故事，具有和西楚霸王一样神奇的力量。虽然钱锺书的伯父和父亲对他读书教育所持的方法与态度不同，伯父因对小锺书的溺爱，不免对父亲气恼，但伯父对父亲气恼归气恼，心里却仍隐隐不安。伯父自愧没出息，生怕"祖坟上的风水"连累了过继给他的小锺书。

据杨先生所言，"坟上的风水"不旺长房旺小房之说，是因为钱家祖坟下首一排排树木高大茂盛，而上首的一排排树木则细小萎弱。上首的树自然就代表长房了。

虽说伯父中过秀才，知书达理，但这件事却一直梗在他心头，想起来就辗转难眠。也许是他对小锺书疼爱有加的缘故吧。

背着所有的家人，为了小锺书日后的前途，这位"老鼠哥哥同年伴"的伯父，干了一件别人所料想不到的事。

有一次，伯父私下里花钱从理发店买了好几斤头发，又叫一个佃户陪着，悄悄地带着小锺书去上祖坟。伯父把事先买来的头发埋在上首几排大树的根旁，脸上一派严肃的神情，他对小锺书说，这样上首的树就会荣盛。沉吟一会儿，他又语重心长地补充道："将来，你做大总统！"

时过境迁，钱锺书的伯父早已过世。但当年的小锺书却没有辜负他的一番心愿。虽然钱锺书并没做大总统，可是他所从事的研究，在文化历史上所留下的影响，却是一个总统都无法做到的。

当阿季跟着父母走进那座深深的庭院时，钱锺书不知是在路边的小书摊上神游，还是在后院的玉兰树下刨人参。而这时，月下老人已悄悄地在阿季的脚上拴上了一根红丝线，早早地埋下了伏笔。只是，八岁的阿季那时却是茫然不知的。

第八章

沙 巷

不知是否因为听了钱锺书婶婶的劝告,补塘先生夫妇没有租住钱家当时租住的那座大院子,而是匆匆在沙巷安了家。

沙巷的家和北京的家相比,大相径庭。它是阿季童年生活中很短暂的一瞬——大约只半年的时间,但它却在阿季的心里留下了分外生动和深刻的印象。

江南的秋天,和古都北京的秋天,虽同是清秋,却有着天壤之别。江南不像遥远的北方,一入秋便天高云淡,金风送爽,天空是干燥的,风也是干燥的。江南的秋,是从闷热的湿热中挣扎出来的,天气虽凉了几分,却凉得不甚清爽,亦缠绵在湿热中,蚊虫依旧。

也许是气候的原因,也许是河水的原因,补塘先生不久就生病了,病情日渐加重,几乎一病不起。

父亲病重,阿季和弟弟们的学业却不能中断。母亲家累太重,兼顾不来,只得让门房将阿季和两个弟弟送入最近的小学——沙巷口的大王庙小学上学。

大王庙小学是一所十分简陋的小学,学校就设在大王庙里。大王庙原先不知是什么大王的庙,后改造成一间大教室。教室里只有四五行双人课桌,却容纳着初小四个年级的八十多个学生。除了一个校长,只有一个老师。

四个年级的八十多个学生拥挤在一间大教室,又只有一个老师,这课如何上呢?也许,大王庙小学和我们今天偏僻的乡村小学一样,所采用的是"复式"授课法:一年级学生上语文课,二年级学生做算术作业;二年级学生上算术课,一年级学生做语文作业……老师呢,则像一只大车轮,给这个年级上完课,再给那个年级上课,"滚滚向前"。

这儿没有北京女师大附小宽敞的操场,更没有高高飞荡在空中的秋千。十二三岁的女学生们,也不像阿季的姐姐那样——梳一条独辫子,辫梢还系个白绸子蝴蝶结,穿蓝色短裙。一切都是两样的,就像生活中出现的第一道波折——"回南"那样,在阿季心里落下星星点点的惘然。

无锡在江南,虽是一座繁华、热闹的小城,但和北京却相去甚远。阿季每每和穿着蓝色短裙的姐姐一同在路上走时,女人们,无论老少,都用又惊奇又羡慕的目光追随着她们,指指点点,其中很自然地夹杂着指责和议论。有的女人会当着她们的面,毫不客气地招呼自己的女伴:"快点来看呕!梳则辫子,促则腰裙呦!"(无锡方言,意为:"快来看哦!梳着辫子束着裙子哦!")阿季悄悄拉拉姐姐的衣角,心里有点儿打鼓,说:"她们说你呢。"

姐姐却不动声色,回答说:"别理会,我们快走。"

阿季从女师大附小转入大王庙小学，就像姐姐穿着新兴的服装走在无锡的小巷里一样。

尽管这样，大王庙还是给予阿季许许多多新鲜的快乐：在菜园子里做早操，课间和女伴们一起做"官、打、捉、贼"的游戏。还有冻红的鼻尖上老是挂着一滴清水鼻涕的校长，剃着光葫芦瓢的孙先生……

在菜园子里做早操时，喊口令的是一个大男孩。阿季初到大王庙时，尖着耳朵，听来听去，却总也听不出他喊的是什么话。后来，好不容易才由"七儿""八儿"慢慢悟出他喊的是"一、二、三、四、五、六、七、八"。体操中竟还有一节是揉肚子。做到这一节时，大女孩儿们全都不做，只是捂着嘴笑。只有阿季很认真地跟着领操的男孩儿做，女孩儿们嗤嗤地笑看这个从北京来的小女孩儿，她和她们总是不人一样。

做"官、打、捉、贼"的游戏时，也是这样。阿季拈阄拈得"贼"，急得拔脚就跑。女伴们忙拉着她问她怎么了。小阿季急得直跺脚："我是'贼'呀！"女伴们笑了，小声地伏在耳边教她："快别响，是'贼'怎么能嚷出来？"阿季却还是不明白，急着要脱身："是'贼'就得快逃跑呀！"她们很惊奇她的直率和不开窍，只好耐着性儿再教她："是'贼'，就悄悄地坐着，不能让人看出来。你要给人捉出来，就得挨打了。"这下轮到阿季惊奇了，她睁大了眼睛："那'贼'还不趁早逃跑，不给捉住？"女孩子们围拢来,七嘴八舌地"教导"她:"女老小则不兴得逃快快。逃呀,追呀,是男老小的事。"(无锡土话,"女老小"应指女孩子家,"男老小"指男孩子。)阿季很委屈地抬起头来,望着女伴们,她不知道"女老小"应该怎么样。

鼻尖挂着一滴清水鼻涕的校长很温和,剃着光头的孙先生却很凶,他拿着一根藤教鞭,动不动就打学生,最爱打脑袋。学生背后都恨恨地称这位孙先生为"孙光头"。但"孙光头"却从来没有打过阿季和她的弟弟们。也许,是因为阿季和她的弟弟们讲一口很好听的京腔,"孙光头"对他们另眼看待。阿季坐在最后一排。和阿季同座位的是班里最大的女生,已经十五岁,整整大了阿季七岁。在阿季的心目中,她是女生的头儿。女孩子之间闹些小矛盾,如吵架呀、背后相互说坏话呀、你不理我我不理你呀等等,都是这个大女孩儿说了算。所以,许多小女孩常常送点儿吃的呀或者玩的呀给大女孩,来讨好她。有一次,已经打了上课铃,一个小女孩儿匆匆送了大女孩两只刚出炉的烤红薯,大女孩儿已来不及吃。上课时,大女孩儿用一条脏兮兮的手绢包着烤红薯,不时地擤鼻涕,假装用手绢揩鼻涕时就咬一口烤红薯,提心吊胆地一口又一口,吃得很香。坐在她身边的阿季,却替她捏着一把汗,生怕她被"孙光头"看见了,用藤教鞭敲她的脑袋。"孙光头"根本没有发现大女孩儿的鬼把戏,而是沉浸在国文的朗声唱诵之中。所谓朗声唱诵，也就是——"啦"（上声）。那些遥远的朗声唱诵，杨先生在漫漫的一生中早已淡忘，但她却牢牢地记着有一课是："子曰，父母之年，不可不知也……""孙光头"把"子曰"解释成"儿子说"。他摇头晃脑，带领着学生一句一句地朗声唱诵。整个大王庙里一片高低起伏的唱诵声。北京的老师不这样读课文。阿季觉得发出这种怪声，挺让人难为情的。喜欢用教鞭打人的"孙光头"没有用藤教鞭打大女孩儿的脑袋。而不打学生的校长，有一次却大发雷霆——动怒又动手，不过挨打的学生却是他的亲儿子。这个小男孩当时正是猪狗都讨厌的年纪，他像大多数男孩子一样，淘气、贪玩，根本不把念书写字放在心上，作业本上的字像鬼画符。鼻子上挂着一滴清水鼻涕的校长，一失平时温和的笑容，气得当众掀开儿子的开裆裤，唰唰就是几巴掌，肉乎乎的小屁股蛋上顿时落下几道通红的指痕，平常天不怕地不怕的小男孩忍不住号啕大哭。而他越哭校长就越生气，越发狠狠痛打他。最后还是"孙光头"跑过来，很费了一番口舌才劝住了校长。如果他不是校长的儿子，"孙光头"会不会劝止，不得而知。

也许，是因为"孙光头"平时总爱用教鞭打学生的脑袋，学生们特别是年龄稍大一些的女学生们就特别"恨"他，希望他遭难。

大王庙东庑是"女生间"，里面有个马桶。女生们常常在里面踢毽子。阿季只会跳绳、拍皮球,不会踢毽子,也不喜欢闷在狭小的"女生间"里玩。可是,"女生间"却给她留下了很深的印象,因为,不知什么人画了一幅"孙光头"的像,贴在"女生间"的墙上。女孩子们进来出去,常常双手相抱,对着那幅画拜拜。最初,阿季以为她们怕挨孙先生的教鞭,是在讨好孙先生呢。可是,女孩子们却恨恨地对阿季说,她们这样做,为的是要"钝"死"孙光头"。

阿季不懂什么叫"钝"。女孩子们很惊奇她怎么连这么简单的"钝"都不懂,就很热心地向她解释,你一言我一语,又举例子,又打比方。阿季这才渐渐明白"钝"就是叫一个人倒霉,可是她还不大明白为什么拜一个人的画像就能叫他倒霉,甚至能"拜死他"。这都是阿季从来没有听说过的。很多年后,阿季读了些古书,才知道"钝"就是《易经》屯卦的"屯",遭难当灾的意思。那年,阿季虚九岁,对这种即便是孩子式的报复心理亦不甚理解。她和沙巷的孩子们隔膜着,心里充满着不被理解的寂寞。

大王庙东庑的"女生间"朝西。下午,院子里大槐树的影子隔窗映在东墙上,摇摇晃晃,几抹淡黑色的影子好像一幅怪诞的图画。女孩子们都说那是"鬼",远远地躲了出去。阿季对她们说,那不是鬼而是树影,她们却不相信。为了证明映在墙上的是树影而不是鬼,阿季故意走到墙边,用脚去踢映在墙上的树影。女孩子们非但不佩服阿季的勇敢，反而吓得一窝蜂地跑散去，好像阿季也变成了鬼，她们一个个全都远远地躲开阿季。阿季觉得很无趣，没有想到大王庙的女孩子们这么胆小，又这么愚昧。她不想，也无法再和她们争辩。

阿季白天在学校和女伴们争辩世界上有没有鬼，晚上回到家中，家中却在"闹鬼"。其实是父亲，病中"闹鬼"。父亲的病日渐加重。刚刚出现病症的时候，补塘先生并不怎样在意，正当壮年，他没有估计到自己会病得几乎不起。也许，是因为在国外生活多年，补塘先生和当时的大多数留学生一样，只信西医，不信中医。可是，当时无锡城里只有一位西医，还是个外国人。开始，给补塘先生看病的就是这个外国医生。他每次来就抽一点儿血，拿一点儿大便，送往上海化验，要往返一个星期才有结果。检查了两次查不出病因。补塘先生接连几星期都在发高烧，烧得神智都昏迷了。

阿季的母亲一见此状，心中万分焦急。父亲是家中的"要紧人"，也就是养家人，仿佛一栋房子的顶梁柱，万万倒塌不得。除了自己的妻子和六个孩子，补塘先生还照拂着兄弟的遗孀和他们的女儿。补塘先生的弟弟也曾在美国留学，学的是统计，回国后在审计院工作。但不久却因肺病去世，很哀伤地遗留下妻子和女儿。照顾孤儿寡母的重担自然也就落在补塘先生肩头。补塘先生是整个大家庭中负担最重，也是最病不得的人。阿季的母亲在这种状况下，当机立断，请了一位老中医来给补塘先生看病。那位老中医一把脉，就说是伤寒。而那位外国西医又过了一个星期，才诊断出是伤寒。

可是，那时补塘先生已经烧得开始说昏话了。补塘先生说昏话的时候，也还念念不忘自己的工作。他迷迷糊糊地睁开眼睛，看见阿季的母亲提着玻璃溺壶出去，就笑着说："瞧瞧，她算做了女官，提着一口印上任去了！"

渐渐儿，昏话就变成了"鬼话"。他烧得眼睛都红了，火烧火燎的目光中，他看到的只有"鬼"，说满床满屋都是"鬼"。家里用人背地里纷纷议论，说："不好了，老爷当了城隍老爷了，成日成夜在判案子呢。"父亲生病的日子里，不懂人生疾苦的阿季，开始感受到人生的悲伤的阴影。白天在大王庙，她和女伴们追逐嬉戏，一块儿玩"官、打、捉、贼"。晚上，家中因父亲病重而失去了往日的安详和快乐，母亲的眼泪、探病亲友的摇头喟叹，使阿季的哀伤中也夹杂着茫然和惊恐。有一夜，已经很晚了，妈妈和家里用人却都不睡，各个屋子里都亮着灯，许多亲友一拨一拨地涌到她们家来。阿季隐隐觉得家里好像要出不好的大事。她看到医生坐在大厅里，却不下笔开处方。母亲流着眼泪，不知在向医生低语什么，仿佛是在恳求。可是，医生还是摇头，断然拒绝。医生不肯开处方，就是说病人没有希望了。难道，爸爸真的没有希望了？阿季心里害怕极了。

后来，补塘先生的老朋友华实甫先生也来了。华实甫先生也是当地有名的中医。母亲满面泪痕地对华医生说："您就死马当作活马医吧。"

华医生思索了好一会儿，很慎重地开了一个药方。他脸上的神情和母亲一样，也很悲伤。

那一夜，家里没有人能够安睡，连孩子们也是在忐忑不安之中度过。

第二天早晨，父亲却从昏睡中睁开了眼睛，脸上露出一丝微笑。最危急的一夜，终于过去了。母亲含着泪对孩子们说："要记住，华实甫先生是你们父亲的救命恩人。"

西医却认为是补塘先生自己体力好转，在"转换期"战胜了病魔。不过，在阿季的心里，无论中医西医，父亲能够挺过那最危急的一夜，应该归功于母亲的护理。没有母亲细心周到的呵护，父亲是挺不过来的。

那一年大年除夕，补塘先生依然病骨支离，勉强能下床行走几步。他一手拄杖，一手按着阿季的头，慢慢走到家人围坐的饭桌边。母亲在椅子里垫上一条厚厚的被子，补塘先生歪靠在被子上，象征性地吃了两口菜，算是和孩子们同吃了年夜饭。

回南之后，父亲的病重，使阿季初懂人世冷暖。虽然当时她还是个孩子，但那份深刻的感受却无法抹去。很多年后，杨先生已步入古稀之年，回想起这段往事，笔底仍充满忧伤，她说：

我常想，假如我父亲竟一病不起，我如有亲戚哀怜，照应我读几年书，也许可以做个小学教员。不然，我大概只好去做女工，无锡多的是工厂。

第九章

裙子和"嘴巴"

补塘先生病愈后,就到上海《申报》馆当了"主笔"。阿季呢,则和三姐一道跟随大姐同在上海启明女校读书,上了寄宿学校。1920年秋,补塘先生将自己的小家庭搬到上海,租住了一宅两上两下的弄堂房子。

二十年代的上海,已经是中国最大最繁华的商业城市,它和古都北京相去甚远。它没有古老而雄伟的城墙和宫殿,没有宽阔笔直、几乎是正南正北的街道。也没有冬天里凛冽的北风和纷纷扬扬的大雪、春天里铺天盖地的黄沙。它拥挤而热闹。弯弯绕绕的街道旁,高楼大厦鳞次栉比。人站在高大的建筑物下,便会立刻感受到天高地窄,感受到人的渺小和茫然。夜晚,黄浦江畔一片闪烁的灯光,在海风的吹拂下,仿佛更加充满光怪陆离的活力。这儿,不仅是西方冒险家的乐园,它对每一个来到它身边的人来说,都充满了花花绿绿的诱惑。

上海,给予九岁的阿季会是什么样的感受和影响呢?

最初引起阿季好奇心的是嬷嬷的裙子,接下来便是"嘴巴"家的洋房。

阿季所在的启明女塾,是一所天主教会办的"外教学堂",专收非教徒学生。在这所天主教会办的学校里,和阿季一般大小的女孩子,最感新奇的就是嬷嬷的衣裙。长长的黑色长裙,配着雪白的衣领,还有头上那顶黑沉沉的帽子,仿佛抹去了嬷嬷们女性的温柔,只显出一派严肃。小女孩儿们叽叽喳喳地猜测,纷纷传说:"嬷嬷们穿七条裙子,戴三顶帽子。"

一个人怎么能戴三顶帽子,穿七条裙子?阿季心里充满了疑问,恨不能亲眼看看嬷嬷们是怎样穿戴裙帽的。终于,有了一个机会。

每年春天,天主教徒都要上佘山瞻礼,启明女校也组织学生们去佘山。可是,小孩子是不参加的。当时,只有九岁的阿季,当然属于小孩子。可是,因为她的两个姐姐都要去,姐姐们不放心把阿季一个人扔在学校,就让阿季自己去找校长嬷嬷"问准许"——也就是自己要去问校长准不准。校长嬷嬷出乎阿季的意料,竟很高兴地一口同意了。一伙女学生在嬷嬷的带领下,乘小船至佘山,先上山"拜苦路"等等,然后下山回船休息,第二天回校。

晴朗的春日,阳光明媚。当都市的高楼大厦渐渐消失在小船身后的烟雾中,女孩子们立刻沉浸在青山绿水的快乐中。从蓝天上振翅而过的小鸟,山坡上一片片绵绵的野草,还有绿的树,红的花,都仿佛是甘甜的晨露,很清新地涌到她们的身旁。上山下山的路上,阿季很兴奋地穿梭在穿裙子的大同学中间,乐而忘疲。带队的是一位年老的嬷嬷，姓锦。女孩子们都喊她锦嬷嬷。锦嬷嬷很喜欢阿季。学生中数阿季最小，而上山下山的路上她却最起劲而不叫苦叫累。因为阿季的学名是杨季康，锦嬷嬷就很亲切地唤她"小康康"。当晚，沿着船舱搭铺，两人合睡一铺。锦嬷嬷带阿季睡。阿季的心激动得怦怦乱跳，终于能够亲眼看到锦嬷嬷到底穿了几条裙子、戴几顶帽子了。阿季躺在铺上，眯着眼装睡，等着偷看锦嬷嬷脱衣裙。可是，她等了很长很长时间才等来了锦嬷嬷。锦嬷嬷很负责任地照顾女孩子们都睡下了，她才在洋油灯下脱衣裙。

阿季聚精会神地在心里暗暗地数着：锦嬷嬷脱下黑帽子，里面是雪白的衬帽，衬帽下面又有一顶小黑帽。真是三顶帽子呢。但裙子却没有那么许多。黑衣黑裙下还有一条黑衬裙，黑衬裙下面是雪白的衬衣衬裙，再往里面是黑衣黑裤。裙子可没有七条，至多只有三条。

阿季看了个明白，就迷迷糊糊地睡着了。

第二天早晨，锦嬷嬷很关心地说："小康康跑累了，晚上直踢被窝，我起来给她盖了三次被子。"

阿季有点儿心虚。心中暗想：自己忍着不睡，为的是要看她脱衣脱帽，锦嬷嬷却怜惜自己累了。她忍不住又有一点儿想笑。

事后，阿季非常得意：谁会跟嬷嬷睡一个被窝呀？只有我呀！

暑假里，一个阳光灿烂的早晨，补塘先生的一位老朋友接补塘先生一家到他家去玩。老朋友是用汽车来接补塘先生一家的,补塘先生夫妇带了三个女儿同去,阿季既兴奋又新奇。

和上海小姐们相比,那时的阿季还是个小土包子,从没有坐过汽车,在北京的时候,他们家最阔气的时候也就只有一辆马车。坐汽车同坐马车相比,则又是另一番滋味。高楼大厦、树木、行人,在车窗外一闪即过。汽车穿过喧哗的闹市,开进了一个幽静的地区。

阿季不知道在喧嚣的大上海,还会有这样闹中取静的地方。街道两旁是两排长长的法国梧桐。一株株高大的法国梧桐,仿佛一把把撑开了的绿色大伞。知了躲在茂密的绿叶中,慵懒地歌唱着,发出一声声悠长的"知了、知了"。路上的行人少,车也少。偶尔相向飞驰而过的,也是很亮眼的小汽车。稀稀落落不多的几个行人,衣着都很整洁。小姐们身着修长的旗袍,头上戴着很洋气的草帽。

汽车开进一扇很阔气的铁门。进门跳入眼帘的是一大片开阔的绿草地。疏疏落落的大树间有一座洋房。树木的高大,草地的宽阔,衬得那座洋房小而精致。其实那座洋房并不小,里面很宽敞。

阿季看见几个女孩子在树荫下的草坪上玩,觉得她们真舒服。这里的环境,像童话故事里描写的那般幽雅舒适,充满了诗情画意。那座看上去显得很小的洋房里铺着厚厚的地毯,沙发呢,则又宽大又柔软。

补塘先生平时从不带孩子出去拜访他的朋友，也许是因为他特别喜欢阿季，只偶尔例外，带阿季去。阿季觉得父亲带她所去的那些朋友家，尽管有些人家比自己家讲究得多，但都不如这一家有气派。

那天回到家后，阿季和她的姐姐们还忍不住继续絮絮地交换着各自的感受——花园、洋房、地毯、沙发……

大姐感慨地说："他们家的地毯可真厚，脚踩上去软绵绵的，一点儿声响也没有。"

想了想她又补充道："还有他们家的沙发可真软，坐在上面真舒服。"

阿季念念难忘的则是树荫下的草坪、红的花、绿的草，而大树则像一把撑开的大伞……

坐在一旁听她们姐妹议论的父亲却一直沉默着，过了许久才意味深长地慨叹了一句："生活程度不能太高的。"

生活程度不能太高，这句话常常挂在父亲的嘴边。在不同的场合，父亲常用这句话提醒他的女儿们，尽管语气不同，表情不同，可所指的内容却都是一回事——俭朴。

补塘先生喜欢俭朴的生活。他曾在《申报》上发表过一篇短文——《说俭》。在这篇短文中，他说：

> 昔孟德斯鸠论共和国民之道德，三致意于俭，非故作老生常谈也……世人皆言文明增进，生活之程度亦增高，此说似也。然欲求生活程度之增高，当先求

人格之增高。与其生活程度高而人格卑，不如生活程度卑而人格高。

这段话的大意是：过去法国的资产阶级启蒙思想家孟德斯鸠在谈论共和国国民的道德时，曾一再提倡俭朴，这并非老生常谈……世人都认为随着科学技术的发展，社会会变得更加文明，人们的生活水平也会随着文明的增进而提高，这样的看法，好像是有道理的。但是如果想求得生活水平的提高，应当先求得自己人格的提高。与其生活水平提高而人格卑下，不如生活水平低而人格高尚。

补塘先生还就"生活程度"一题，在《申报》上连续发表过三篇短文。在这三篇短文中，他语重心长地告诫世人：

> 凡坚忍耐苦之民族，乃可与外族竞存。生活程度高者，食必甘旨衣必轻煖，夏不耐暑，冬不耐寒，乃脆弱之民族，不适于生存者也。此在艰难困苦之时，每显其优劣。譬之战争之兵士，能饥、能寒、能冒风雪霜露者，必能制胜于最后十五分钟。若暑必用扇，寒必用炉，雨必用伞，不得其物则不安，鲜有不败者矣。凡民族与他民族相处，犹战争也。即以工商言，假如彼之工必食肉，而我之工仅食面饼，则我之工成本轻，已足以制胜于彼之工；假如彼之店伙每月给百

元，而我之店伙每月仅给三十元，则我之商开销轻，已足以制胜于彼之商。故生活低，亦自有制胜之道。徒恃生活程度低以制胜，而不能发展实业，诚有履霜葛屦之陋，不足以语于进步。然实业绝未发展，不谋所以发展之方，徒增高其生活之程度，此犹荡子不能治生产而荒于酒色，虽一时顾盼自豪，识者知其将为饿莩，求为乞丐而不可得也。

这段话的大意是：凡是坚忍耐苦的民族，才可与其他民族竞争。生活水平高的民族，吃的是美味佳肴，穿的要轻柔保暖，夏不耐暑，冬天不耐严寒，是脆弱的民族，不适于生存竞争。在艰难困苦的时候，民族的优劣，常常显示于此。比如战争时，能够战斗、能够耐严寒、能够冒风雪霜露的军队，必能够在最后的十五分钟取胜。如果天热了要用扇子，天冷了要用炉子，下雨天要打伞，没有这些东西则不安的军队，很少有不打败仗的。一个民族和其他民族相处，犹如战争。就拿工商来说吧，假如你的工人要吃肉，而我的工人仅食面饼，那么我所制造的产品成本就低，这样已足以战胜你。假如你的店伙计每月的工资上百元，而我的店伙计每月工资仅三十元，那么我的商店开销就少一些，也足以战胜你。所以说，生活水平的低，也是制胜之道吧。但仅靠生活水平低来取胜，犹如踏着冰霜而脚穿麻绳编的鞋，不能说是进步。实业没有发展，也不谋求实业的发展的方法和道路，只图提高生活水平，这犹如荡子继承家业却不事生产而成天沉溺在酒色之中，虽有一时的自豪和享受，但有识者则知道这样的人将会饿死，想成为乞丐都不能。

补塘先生写于二十年代初期的这些短文，我们今天读来，仍不免心有所感。字字句句，仿佛都是针对着我们今天面对的花花绿绿的困扰。国家尚未发达，许多偏僻的乡村仍在穷困之中。即便是在城市，亦有许多人生活在穷困中。而我们的一些大中学生们，竟在快乐的晚会上集体高唱"江山不要，开怀一笑"。他们吃亦名牌，穿亦名牌，风行的则是洋名牌。于是，外国的名牌蜂拥而入。连小学生的书包，也是很洋气的名牌。穷家养富子的现象亦屡见不鲜。父母在家吃开水泡饭就咸菜，在外上学的"天之骄子"们却很潇洒地面包加啤酒。"我们自己苦了一辈子，不能再让下一辈吃苦"，持这种观点的在普通劳动者和知识阶层中都不乏其人。所以，补塘先生的告诫并不因为其年代久远而和我们隔膜，反而如一股清新的风，让我们扪心自问。他还说：

> 生活程度低，或者不洁不卫生之弊，然此非当然之因果。凡西洋留学生出身者，大率生活程度高。然老留学生在官僚中出人头地者，几无一不蓄妾；即吸食鸦片者亦间有之。知清洁卫生为一事，生活程度高

低为又一事。甘脆肥酞,名曰"腐肠之药";洞房清宫,名曰"寒热之媒";出舆入辇,名曰"蹶痿之机";娥眉皓齿,名曰"伐性之斧"。西人谓生活愈清淡,思虑愈高深(Plain Ling high thinking);吾国则谓"肉食者鄙,未能远谋";其揆一也。故今青年当教之洁,教之俭,二者并行不悖。

这段话的大意是:生活水平低,或者会有不爱整洁、不卫生的毛病,但是这两者并不是因果关系。凡是西洋留学生出身的人,大多数生活水平都比较高。但老留学生在官场上出人头地的人,几乎没有不纳妾的;其中也有人吸食鸦片。可知清洁卫生是一回事,生活水平高低又是另一回事。甘脆而油腻的食物,是"腐肠的药";洞房清宫,是"寒热的媒介";而出入都坐车,则会使腿脚丧失运动的功能,常常摔倒;贪恋女色,是损折人性命的利斧。西方的哲人说,生活愈清淡,思想愈高深;我国古人则说"肉食者鄙,未能远谋";意思是相同的。所以对于今天的青年,应教导他们生活清洁、俭朴,这两者是并行不悖的。

在补塘先生看来,俭朴不仅仅是一个人的私德,它还关系到一个国家、一个民族的前途和命运:

> 以言民国之官吏,其生活之程度诚高于前,然人

> 格未能准是。或因所入不足以应生活之程度，而大丧其人格。官吏丧人格，于是乎有侵年，于是乎有贿赂，于是乎纳税愈多而国愈贫，借债愈多而国愈贫，卒破产之国。乃知俭虽私德，而影响于公德，影响于国家。

这段话的大意是：就拿民国的官吏来说吧，他们的生活水平当然高于以前，但是他们的人格未必比从前高。或许因他们的收入不足以维持他们现在的生活水平，就丧失其人格。官吏丧失人格，就会侵占国家的利益，还会接受贿赂，于是民众纳税愈多国家却愈贫穷，借债愈多国家愈贫穷，以致国家经济崩溃。这样看来，俭朴虽属私德，但既影响民众的公德，也影响国家。

也许，补塘先生写下这段话时，心里还漂浮着请他到家中去玩的那位老朋友的身影，其中多少包含着几分对这位老朋友的感慨和惋惜。补塘先生藏有一张这位老朋友的照片，每次看了都不免喟叹：绝顶聪明的人啊……

他的这位老朋友就是与他年轻时同窗的"稳健派"，后来参与了和日本人订立"二十一条"的章宗祥。在日本留学时，他们同是励志学会的成员。励志学会是反清革命团体，借讲授新知识之机，宣传革命思想。虽然，补塘先生是励志会里的"激进派"，而章宗祥是个"稳健派"，但年轻时的他们都想为自己的祖国和民族做出一番事业，彼此的私交还是很不错的。可是,后来他们却分道扬镳,走上两条完全不同的人生道路。

章宗祥生于1879年,小补塘先生一岁,浙江吴兴人。他曾留学日本东京帝国大学,回国后到清政府民政部任职。1912年,他出任袁世凯总统府秘书,1914年任司法总长。补塘先生一家初到北京时和他还有些来往,以后志不同道不合,彼此就很疏远了。

1916年,章宗祥走马上任驻日公使。他与当时的交通部总长曹汝霖、前驻日公使陆宗舆勾结,在段祺瑞的指使下,出卖国家主权,向日借款,激起全国人民的公愤。

补塘先生和妻子私下讲起"二十一条"的时候,总是把这位昔日的同窗老友称作"嘴巴"。也许,他觉得章宗祥不是主脑,只起到"嘴巴"的作用。

有一次,补塘先生和阿季讲到这件事,愤愤地说:"他们喊喊喊喊,只瞒我一个!打量我都不知道吗?"

阿季猜想,大概是"嘴巴"不愿意听自己父亲的劝阻和责备吧?

蔡东藩先生在《中国历代通俗演义·民国演义》中,关于章宗祥有这样一段描写:

> 上海各报馆,依电照登,曹、章两人的密谋(向日本人借款),越致揭露。章经此一阻,又欲逗留。适政府已电传促归,暂命参事官庄景珂代理,章不得

不行。且默思到了京都,总有良法可图,乃收拾行李,启程归国。至东京中央新桥车站,将挈爱妻陈氏登车,突有留学生数十人,跟跄前来,趋近章前,佯为送行,随口质问,历数章在任时,经手若干借款,订若干密约,究有多少卖国钱带了回去?章宗祥连忙摇首,极口抵赖。无如留学生不肯容情,竟起而攻,好似鸣鼓一般。章虽脸皮老厚,也不禁面红颈赤,无词可答。辛亏日警从旁排解,方将一对好夫妇,送入车中。留学生尚在后大呼道:"章公使!章宗祥,汝欲卖国,何不卖妻?"章妻陈氏,听了此言,更不觉愧愤交并,粉脸上现出红云,盈盈欲泪,只因车中行客甚多,未便发作,没奈何隐忍不发。及车至神户,舍陆乘船,官舱内分门别户,彼此相隔。陈氏颜安,怀着满腔郁愤,不由得发泄出来,口口声声,怨及乃夫。章宗祥任她吵闹,置诸不答。陈氏且泣且詈道:"我父母生了我身,本是一个清白女子,不幸嫁与了汝,受人污辱,汝想是该不该呢?"章至此忍耐不住,反唇相讥道:"人家同我瞎闹,还无足怪,难道汝为我妻,也来同我胡闹么?"陈氏道:"汝究竟卖不卖国?"宗祥道:"汝不必问我。就使我是卖国,所得回扣,汝亦享用不少,何必多言。"

这段小故事的大意:当上海各报在报纸上揭露了曹汝

霖、章宗祥两人向日本借款的密谋时，此时正在日本的章宗祥也看到了报上的文章，便想继续在日本逗留一段时间。但无奈接到政府催他回国的电报，他的公使之职暂由参事庄景珂代理，他不得不回国。当他收拾好行李，和妻子陈氏在东京中央新桥车站准备上车时，突然有几十个留学生向他们夫妻二人涌来，佯装给他们送行。他们围拢过来后，便纷纷质问，历数他在任时，所经手的借款、订立的密约，问他究竟带了多少卖国钱回去。章宗祥连忙摇头，矢口抵赖。可是留学生却毫不留情，群情激愤，好像鸣鼓一般。章宗祥虽然是个老政客，脸皮厚如城墙，也不禁面红耳赤，无言以答。还是日方警察从旁排解，才使他们夫妻二人得以上车。留学生们仍在车下大声疾呼："章公使！章宗祥，你想卖国，何不卖妻？"章宗祥的妻子陈氏听到这些话，愧愤交并，粉脸上涌起一片红云，盈盈欲泪，心中大怒。她本想对章宗祥发火，但因车中旅客太多，只好隐忍不发。等车到神户，他们下了火车转乘轮船。上了轮船，他们夫妻二人在一舱内，两人默默相对。他妻子陈氏的满腔郁愤，不由得发泄出来，口口声声埋怨章宗祥。章宗祥呢，任她吵闹，置之不理。陈氏一边哭一边骂："我父母生了我身，本是一个清白女子，不幸嫁给了你，受人污辱，你想是该还是不该呢？"章宗祥此时再也忍耐不住，反唇相讥道："人家同我胡闹，不足为怪，你是我的妻子，也来同我胡闹吗？"陈氏怒道："你究竟卖不卖国?"章宗祥回答:"你不必问我。即使我是卖国,所得回扣,你也享用了不少,何必多说。"

这位昔日绝顶聪明的同窗,为了追求生活享受和自己的利益,就这样,不惜出卖自己,出卖国家的利益。补塘先生和"嘴巴"之间自然不会再有友谊可言,他更不希望自己的儿女们受生活程度高的诱惑。自那以后,他再没有带儿女们去过"嘴巴"的家。

第十章

一文厅

花花绿绿的大上海，藏龙卧虎，亦藏污纳垢。补塘先生病后，身体渐渐复原，他在《申报》馆担任主笔的同时，又重操律师旧业。他嫌上海社会复杂，决计定居苏州。他们一家随即搬迁到苏州。阿季呢，也跟着父母转到苏州的振华女中上学，平时寄宿在学校，周末才回家。

搬家是一件很麻烦的事。租赁的房子只能暂时安身，且常常不合心意。再者，补塘先生做律师也得有一间房子做律师事务所。阿季的母亲给父亲算了一笔账：他们历年交付的房租，足以自己盖一所房子了。补塘先生最反对置办家产。在北京时，他曾买过一辆马车，自从有了那辆马车，他常常半开玩笑半认真地对妻子说："有了财产，从此多事矣。"离开北京后，他没有再置办家产。

补塘先生反对置办家产不仅仅是图省事，他有他的道理和原则，在他看来，对一个人来说，经营家产耗费精力，甚至会把自己降为家产的奴隶；对子女来说，家产也是个大害。有钱人家的子女，假如没有家产，还可以有所作为，有了家产，现成可"吃家当"，就会使他们养成好逸恶劳的习惯，成为废物，即使不成为废物，也会使他们不图上进。所以，他明明白白地告诉自己的儿女们："我的子女没有遗产，我只教育你们能够自立。"

可是，居家过日子却不能没有房子。恰巧当时有一所破旧的大房子要出卖，补塘先生没有犹豫，就买下了。在日常生活中，补塘先生从来都不是善于盘算的精明人，而是无锡人所说的那种"鼓哈哈"，即北方人口中的"马大哈"。

那所急于卖出的破旧的大宅子，历史却很悠久，建于明朝，经过岁月的风吹雨打，已经快倒塌了。其中一间很高大的厅歪歪斜斜，仿佛再也不堪风吹雨打，当地人称它为"一文厅"。"一文厅"的周围是一大片住满了人的破房子，挤挤挨挨地住有二三十户人家，有平房，也有楼房。在这一片破房子中，"一文厅"最破旧，漏雨，光线整日黑黝黝的。全厅分隔成三排，每排有一个小小的过道和三间房，每间还有楼上楼下，总共是十八间小房。阿季第一次伫立在"一文厅"时，心里忍不住想：这真是一个地道的贫民窟。连挑着菜担挨门吆喝的小贩也说："我们挑着担子进了这个宅子，可以转上好半天呢。"

可是，就是这座贫民窟一般的"一文厅"，却有着一段令人感动的历史流传：

明朝熹宗即位时，太监魏忠贤被任为司礼秉笔太监。魏忠贤是河北肃宁人，万历时入宫。入宫前，他是个吃喝嫖赌的无赖，为躲债自行阉割入宫。入宫后他凭着自己的小聪明，到处钻营献媚找靠山。他窃取秉笔太监的要职后，又勾结熹宗的奶妈客氏，专断国政，祸国殃民。熹宗即位时，还是个十几岁的孩子，根本不懂如何治理国家。魏忠贤一方面尽量讨取小皇帝的欢心，搜刮民间各种精致好玩的小玩意儿献给他，并勾引他斗鸡走狗，寻欢作乐。另一方面，他在宫廷安插亲信，排除异己。他还疯狂地搜刮民脂民膏。天启年间，魏忠贤的独断专横达到了极致。他自称"九千岁"，下有"五虎、五彪、十狗"等耳目，并管东厂（相当于特务机构）。从内阁六部到四方督抚，他都有私党。当时，专门纠察朝臣风纪的官员左副都御使杨涟，对魏忠贤所作所为十分气愤，拍案而起，上书弹劾魏忠贤二十四大罪状。魏忠贤坐卧不宁，设计到小皇帝面前哭诉，小皇帝的奶妈从旁帮忙，糊涂的小皇帝竟认为杨涟不对，下令对杨涟严加斥责。这件事激起大臣们的公愤，于是有七十多个朝臣纷纷投书弹劾魏忠贤的不法行为。魏忠贤气急败坏，发誓报仇。他的爪牙按照他的意图，给他送去一份黑名单，随即"五虎"又给他送去《同志录》《点将录》之类的黑材料，魏便以结党营私、把持朝政等罪名，将反对自己的官员统统称作"东林党"。天启五年，魏大开杀戒，杀"东林党"杨涟等人，同时兴大狱，将大批反对他的官员抓进监狱，并用最残酷的刑罚整治这些官员。一时间，魏忠贤的爪牙横行全国。举国上下，乌云滚滚，一派愁云惨淡的恐怖气氛。

据传说，魏忠贤当权的时候，有人奏称"五城造反"，苏州城是其中之一。有个徐大老爷为了使苏州城免于魏忠贤的荼毒，大笔一挥，将"五城"改成了"五人"。"一文厅"就是苏州人为感激这位"徐大老爷"而为他建造的。大家一人一文钱，顷刻便募足了款子，所以称"一文厅"。

明朝晚期，著名散文家张溥曾写《五人墓碑记》，歌颂颜佩韦、马杰、沈扬、杨念如、周文元五壮士，五壮士为苏州免遭魏忠贤血腥镇压，挺身而出，凛然就义。但这篇刻在墓碑上的文字，并没有"五城"改"五人"之说，也没有"徐大老爷"的名字。

可是，在张謇所题的匾额上，阿季却见过"徐大老爷"的名字。张謇非常赞赏补塘先生买下"一文厅"，还很郑重地给"一文厅"题了匾额——"安徐堂"。

刚刚才读中学的阿季，不知道张謇是怎样一个人。二姑母对阿季说，张謇很赞赏她的父亲补塘先生，还称补塘先生为江南才子呢。二姑母仿佛很看重张謇对自己小哥哥的夸赞。阿季不明白，为什么二姑母会看重张謇的夸赞？

其实，在当时，张謇是个非常有个性的"状元实业家"。他的为人为事和经历，颇带传奇色彩。张謇并不是一个随便夸赞别人的人。

在中国近代史上，张謇也算是立宪派的代表人物。他生于1853年，本来是江苏海门人，因长期居住在南通，一般都说他是南通人。他十六岁时就考中了秀才，二十三岁时做了南京提督（清朝地方高级军官）吴长庆的文书。大官僚张之洞和李鸿章都很赏识他的才学，想聘请他到自己的手下做助手。可是，张謇却拒绝了。他一心一意只想中举人，成进士。虽然，他很快就考中了举人，但接连考了几次进士都没有考中，直到他四十二岁那年才考取了进士第一名，也就是人们羡慕的状元。

中了状元的张謇，却和那个时代的知识分子很不相同。那个时代的知识分子，读书是为了做官，一般走的都是读书做官的道路。而张謇却不愿意做官，中了状元后他回到老家兴办实业。他筹办的第一个实业是大生纱厂。筹办大生纱厂的过程中，张謇连连碰壁，但他绝不回头。为了修建厂房，他甚至向乞丐收容所、道士办的救济机关粥厂等处筹资。有一次，他到上海集资，回来的时候连路费都没有了，只好写些条幅，拿到街上去卖。于是，"状元卖字"，一时传为新闻。

1899年，大生纱厂在张謇的努力下，终于建成。紧接着，他又创办了通海垦牧公司、广生榨油厂、大连轮船公司、复新面粉公司、资生铁冶公司、淮海实业银行等企业，成为我国近代成绩显著的实业家之一，也就是我们今天所说的民族资本家。除了创办实业，张謇还创办了一些文化教育事业。他把实业、教育称为"富强之本"。

清末，这位状元实业家参加了立宪运动。所谓"君主立宪"就是制定国家宪法，用宪法限制君主的权力，比过去的"君主专制"多了一些民主色彩。辛亥革命后,他任南京临时政府实业总长。但他却拥护袁世凯,并组织统一党与国民党对抗。1913年张謇任袁世凯政府农商总长,袁世凯即将称帝时,他辞职南归。

1926年,张謇病逝。

"安徐堂"是张謇一生中最后一次题匾。那面很大的匾额,在阿季的心里留下了深深的印象。可是,她对匾上"徐大老爷"的名字和官位却没有怎么在意。年深日久,她也就忘了。最令她忘不掉的还是"一文厅"的民间传说。

补塘先生买下"一文厅"后,修葺了一部分,拆掉了许多小破房子,扩大了后园。补塘先生平生喜欢花草树木,有了一片自己的园子,自然有了大施"宏图"的天地。园子里本来有很多树木,如银杏、枇杷、橘子,补塘先生又亲手在后园添植了二十株桃树,又顺着篱笆栽种了许多玫瑰和蔷薇。后来,补塘先生在《申报》上发表了许多短文,侃侃而谈花草树木,他笔下的无花果、苹果、凤仙花等既散发着大自然的清香,又蕴含着源远流长的文化。短文虽只几十字、几百字,读后心头便也浮现出一片摇曳的红花绿草。

房子稍加修葺,补塘先生一家便搬进了新居。他们搬进去后,前前后后的破房子还没有拆尽,到处都是鼻涕虫和蜘蛛。院子里很潮湿,只要扳起一块砖,砖下便密密麻麻地爬满了鼻涕虫，又脏又恶心人。

怎么办呢？

和我们现在许许多多总是想把最好、最舒适的给予子女的父母们不同，补塘先生主张自食其力，不能不劳而获。要想生活在一个舒适、幽雅的环境中，那么必须自己动手，他要孩子们干活，并悬下赏格：

鼻涕虫一个铜板一个，

小蜘蛛一个铜板三个，

大蜘蛛三个铜板一个。

鼻涕虫和蜘蛛并不是孩子们喜爱的小昆虫，特别是女孩子们。但是，在父亲的悬赏下，阴湿的大院子里常常荡漾着孩子们快乐的叫喊声：

"我逮到一只大蜘蛛。"

"哈，我也逮到了一只蜘蛛。"

"瞧，我逮到了三条鼻涕虫了。"

阿季周末回家，发现弟弟妹妹连同因病在家休学的三姐都在拼命"赚钱"。其中数阿季的小弟弟捉得最快、最多。可是，他硬要拿一百条鼻涕虫找母亲换一块钱。

母亲埋怨父亲："不好了，你把'老小'都教育得唯利是图了。"

父亲微笑不语。

补塘先生是用美国式的"劳动教育"鼓励孩子"赚钱"。在他看来，劳动赚钱是一件很光荣的事。他在短文

《再论依赖心》中这样写道:

> 天下最贵之职业,皆以气力卖钱者也。故铜匠、铁匠、木匠、泥水匠为最贵之职业。即推而至理发、修足,亦皆以技能效用于社会。即推而至于人力车夫、担粪夫,终日汗流奔走,亦仰不怍于天,俯不怍于人。以其所得之钱,皆以气力易得者也。易言之,即彼有求于社会,社会亦有求于彼;彼在社会中所得之一饮一食,皆出代价而得之,故可贵也。

这段话的大意是:天下最高贵的职业,都是以劳动换取报酬的。所以我们说铜匠、铁匠、木匠、泥水匠是最高贵的职业。由此推及理发、修足,也都是以技能效力于社会。再由此推及人力车夫、担粪夫,他们这些劳动者终日流汗奔走,仰不愧于天,俯不愧于人。他们所得到的报酬都用自己的劳动所换来的。换句话说,他们有求于社会,社会也有求于他们。他们在社会生活中所得的一饮一食,都是劳动所得的报酬,所以可贵。

父亲的劳动赚钱教育很有效,不长时间,阿季的弟弟妹妹们就把鼻涕虫和蜘蛛都捉尽了。阴湿的大院子变得整齐而干净。

母亲呢,对"唯利是图"的孩子们自有她的管理办法。父亲悬赏孩子们的钱都存在她手里,她就是孩子们的小"银行"。十几元也罢,二十几元也罢,过些日子,存户忘了取钱,"银行"也就"忘"了付款,糊里糊涂化为乌有,就像孩子们旧历年的压岁钱一样。

阿季说:"因为我们不必有私产,需要钱的时候可以问母亲要。"

但是,劳动赚钱的快乐,阿季和她的弟弟妹妹们却是永远难以忘怀的。

第十一章
天淡云闲

补塘先生购买"一文厅"花掉了他的一笔人寿保险，修建费则是靠他做律师的收入。"一文厅"先后花费了两年左右的时间才修建完毕。

房子装修完毕的那一天，"一文厅"油漆一新。大厅的正中挂着张謇题写的匾额——安徐堂。除此之外，其他也没有什么特别之处。陈设虽很朴素，但却雅致、漂亮。厅上悬着三盏百支光的扁圆大灯。忙忙碌碌了那么长时间，大家总算可以轻松、安心地享用一番了。

人逢喜事精神爽，补塘先生心里自然是很高兴的。晚饭后，他让孩子们把全宅前前后后、大大小小的灯全都开亮。刹那间，"安徐堂"灯火辉煌。那时候，紧挨着上海的苏州，却透着几分工业上的落后，供电很有限。拉亮全宅的灯后，大大小小的灯光立刻变得黯淡起来，"辉煌"便沉入摇曳的昏黄中。

母亲说："快别害了邻居。"她赶忙催促孩子们关掉一部分灯。即便是在这样细小的地方，阿季的母亲也总是处处替他人着想。

他们有了自己家的房子，还有宽大的后园，和在上海时两上两下的弄堂宅子相比，家里可谓宽敞多了。可是，阿季总觉得还有一些缺憾，她念念难忘在北京时高高飞荡空中的秋千。母亲答应了阿季的要求，在一株大杏树下竖起一个很高的秋千架，并排悬着两个秋千，旁边还添了个荡木架。荡木下圆上平，仿佛小孩子玩的荡船。

阿季常常坐在荡木上看书，看书看累了，就躺在荡木上，仰看天淡云闲。而这时，就仿佛后来钱锺书在诗中所描述："苦忆君家好巷坊，无多岁月已沧桑。绿槐恰在朱栏外，应有浓荫覆旧房。"远远的竹篱下盛开着淡白色的、深紫色的蔷薇，山石旁有芭蕉和金鱼缸。当然不能居无竹，园子一角有一丛方竹。

春天，阿季闭上眼睛小憩的时候，耳边是一片蜜蜂嗡嗡嘤嘤的歌唱声，睁开眼睛就会看见蝴蝶在花草丛中飞舞，高高的杏树上挂着稠密的青杏儿。等到杏子黄了的时候，一串串的樱桃也开始泛红了。除了杏子和樱桃，园子里还有枇杷树、石榴树、橙子树和橘子树。吃完了樱桃，就接上了枇杷和石榴，橙子黄了，橘子正绿。一年四季，雪花儿飘飞的冬天除外，园子里总是飘荡着花和果的清香。

荡木仿佛一只快乐的小船，轻轻摇荡着阿季平静、充满阳光的少女生活。阿季的幸运，在于她有一个温暖的家。母亲善良、善解人意；父亲呢，博学而刚直不阿。他们的家庭不同于一般书香门第，既充满儒雅的书卷气，又和我们民族步履沉重的历史有着紧密的联系。

阿季很眷念自己的家和家中的两株呵护她的大树——父亲和母亲。

自从到苏州上学后,阿季多半时间住校,其中也有两三年走读。走读的日子,每一天都洋溢着平静的快乐。放学回家,一踏进家门,阿季总是要问母亲在哪里,好像只有看到母亲,那一颗蹦蹦跳跳的心才能安静下来。

母亲呢,总是在忙。她虽然不出去工作,却是一家人的支柱。里里外外,吃喝拉撒,最烦琐、最细小的地方,都离不开她辛苦的操持。一年四季换季时的衣物,一日三餐饭菜的搭配,还有对用人的叮嘱和关照,比如阿福和阿灵。

阿福是个苦孩子,在家虽是老小,却一点儿也没有因为小而得到父母的偏爱和回护。他家穷,爹死了,娘养不活一大群孩子,只好把他这个小儿子给了人家做儿子。可收养他的人死了,又把他给了另外人家,后来那户人家收养他的人又死了。人人都叹息他命苦。他来到补塘先生家后,才总算有个安身之处。

"阿福"这个名字还是阿季的母亲给他起的,借吉祥字儿防御厄运吧。阿福虽是十几岁的人了,却像个长僵了的瓜,看上去只像七八岁的小孩儿,也做不了什么事。他在后园拔拔草,打点儿杂,或者捡些硬木,锯锯刨刨,做成大大小小的匣子,有的还带着匣盖,盖上镶一块玻璃。

母亲悄悄地盘算,为阿福攒钱娶一房媳妇,还想要他学一门手艺自立。母亲看他整日兴兴头头地刨刨锯锯,就想让他学木匠。可是,阿福做来做去都还是木匣子,和苏州的小木匠相比,手艺可差远了。母亲看他学不出来,只好分派他去厨房,买买菜什么的。平时,家里做了什么好吃的,母亲总是要留一些给阿福。阿福却舍不得吃,总是想留给他娘。母亲就劝他:"阿福,你放在嘴里吃了吧。"阿季和弟弟妹妹们都取笑母亲:"不放在嘴里,让他放哪儿吃呀?"虽然母亲处处回护着阿福,可是阿福却不让母亲省心。每当他的工钱加赏钱快攒到一百元时,他就要大病一场。按从前的规矩,帮佣的人小病在东家休息,大病或长病就回家。阿福得了大病,钱用完,病就好了,就又回补塘先生家来,母亲怪讶地替阿福惋惜:"阿福怎么这样薄命,连一百块钱都招不住。"

阿灵呢,则是个又丑又蠢的村妇。在阿季的弟弟妹妹们看来,她长得远不如猪八戒"俊":粗粗壮壮的身体,黧黑的脸,小眼睛,大嘴巴。她数数只能数到二。她生了个儿子,自己睡觉时却把儿子给压死了。丈夫恨得打她,公婆也打她,打得她无处容身。还是阿季的母亲收留了她。阿季的弟弟妹妹学母亲给阿福起名的道理,就叫她阿灵。阿灵初到补塘先生家时正值盛夏,她却穿着又厚又粗的土布蓝色衣裤。她什么事也不会做,连扫地、拔草这样简单的活,她也不会干。母亲却并不嫌弃她,叫人教她扫地、抹桌子、倒马桶。倒马桶又累又脏,别人觉得低贱,阿灵居然学会做了,还做得兴兴头头,有一份别人所无法体验的浑然不知的快乐。

那时候,苏州城里的小户人家,每天早晨等担粪的来了,才倒马桶。大户人家则都有个储粪的大缸。粪是值钱的,阿灵倒马桶,卖粪钱就会归她,其他用人不能分得她的钱。可是,做起事情浑身是力气的阿灵,糊里糊涂地不会算账,常常吃了大亏,还当自己占了大便宜。

有一天早晨,母亲到后园去,只听见一片笑笑骂骂的吵闹声。一眼望去,后门大开,藏粪缸的屋门也大开,担粪的你推我抢,忙不迭地抢着挑粪。阿灵很神气地像个主人,咧着大嘴,笑得本来就小的眼睛眯成了一条线。她远远地看见母亲走过来,立刻大声哇啦哇啦地向母亲述说她的"胜利":"他们肯出十二个铜板一担,我说不行,我要一百个铜钱一担!"

一百个铜钱等于十个铜板,阿灵只知道一百是个大数,却不会换算。那些担粪的自然是要忙不迭地抢着担喽。母亲没有办法让阿灵明白她吃了亏,只好随她高兴。阿灵很信任地把钱都交给母亲,让母亲给她积攒着。

而阿福和阿灵,则都是门房赵佩荣给招来的。

赵佩荣五十岁了,喝过点儿墨水,是个乡村的知识分子。他曾当过村塾老师,教娃娃们《古文观止》,还在寺院里教和尚们念经。他还会写毛笔字,他的毛笔字虽然俗气,却很工整,他能为人用朱笔抄写佛经。他面容瘦削,背微驼,嘴上挂着八字胡,很有点儿知识气味。在阿季和弟弟妹妹们的心目中,他简直像堂吉诃德所形容的骑士一样,家常琐事,件件都会。女佣买菜回来,总要坐在门房里请他记账,他还常为阿季和弟弟妹妹们磨墨,他磨的墨总是浓淡相宜。母亲织毛衣的针,往往粗细不匀,他也能磨得光滑匀称。他还会做蚊香架子。然而,他最喜欢的一件事,则是替人解忧解难。他经常为他所熟识的倒霉的人向母亲求情:"太太,让他来干干活儿,有口饭吃就行。"

于是,阿福和阿灵就这样来到了补塘先生家。

母亲相夫教子,还要指点阿福、阿灵,与赵佩荣们周旋。早晨从睁开眼睛的一刹那起,到晚上上床休息,她手边总有忙不完的事情,再有就是操不完的心。阿季放学回家唤母亲的时候,母亲常常不在前厅,她不是在后园就是在厨房里,被什么事绊住了脚,难得清闲。偶有清闲,母亲就静静地坐在屋里,做一会儿针线活,然后从搁着针头线脑的藤匾里拿出一卷《缀白裘》,边看边笑,算是消遣。而这样的消遣对母亲来说总是少而又少的。

所以,孩子们跟着父亲的时候居多。

父亲凝重有威,尽管他从不打骂孩子,但儿女们却都怕他。怕虽怕,却又都和他很亲近。钱锺书对补塘先生的评价是——望之俨然,接之也温。

那时,大姐、三姐都在上海念书,不住在家中,家中的几个孩子数阿季年长。虽然除了八妹外，阿季和两个弟弟、七妹挨次只差一岁半，但弟弟妹妹们好像比阿季小得多，阿季已经不贪玩，而贪看书了。父亲闲下来的时候，喜欢和阿季聊聊天，聊一聊书本上的知识，社会上的事，还有对生命惆怅的感慨。

有一次午休时，父亲叫住阿季，对她说："其实我喜欢有人陪陪，只是别出声。"

平时午饭后，父亲常给孩子们"放焰口"——大家围在一起吃点儿甜点心。"放焰口"亦是从阿季而来。阿季十一岁时暑假在上海时，看见大街上牵着草绳，绳上挂满了纸做的小衣裤，又听路人说"今天是盂兰盆会，放焰口"。阿季很惊奇，回家忙忙地告诉父母，惹得父亲和母亲都笑了。于是，"放焰口"成了阿季兄弟姐妹们的口头禅，不论吃的、玩的或用的，都可以要求父亲"放焰口"。往日里，午饭后放完焰口，兄弟姐妹们便一哄而散，留下父亲独自在屋子里休息。自从那次父亲叫住阿季以后，她便留下来陪父亲。

早晨，常常也是阿季陪父亲。父亲起得早，没有客人，或不需要出庭辩护的时候，他吃完早饭便伏案疾书——写稿子。阿季很习惯地给父亲泡上一碗酽酽的盖碗茶，轻手轻脚地送到父亲的书桌前。父亲的书桌上常放着一叠裁得整整齐齐的充稿纸用的纸。不上学的假日里，阿季就常用父亲写秃的长锋羊毫去练字。

冬天，很清冷。南方冬天里的冷，一丝一丝的，仿佛要冷到人的骨髓里。可是，南方人没有取暖的设备和习惯。阿季家中也只有父亲屋里生了个火炉。中午，阿季手中捧一本书，悄无声息地在一旁陪父亲。屋子里只有火炉偶尔发出的哔剥声，过一时便需添煤。阿季就轻手轻脚夹上一块煤，依然一点儿声响也没有。姐姐和弟弟妹妹们都非常佩服她加煤可以不出声。

"望之俨然"的父亲，更多的时候是"接之也温"。补塘先生常常为孩子们的淘气加点儿糖、添点儿盐：

每年的寒假，都伴随着春节即将来临的快乐。大街上的小店铺里摆满了花花绿绿的鞭炮，而家中的灶房也总是飘逸着一股股浓香。过年像一面欢乐的小鼓，天天在孩子们的心里敲打着。一天中午，补塘先生饭后像往常一样在书房里午歇，阿季和她的弟弟妹妹们禁不住过年的诱惑，他们在父亲的书房里的火炉上偷烤一块大年糕。因为心虚，一个个全都屏住声息，轻手轻脚。可是，愈怕发出声响，愈是忙乱中出岔子，一不小心，有人把火夹子伸到了炉盘里，年糕掉到火炉里，发出一阵乒乒乓乓的爆响。这下可闯了祸，母亲要是知道他们吵了爸爸的午休，一定会责怪他们的。于是，顾不得后果，他们一溜烟地全溜出了书房。过了好一会儿，他们并不见书房里有什么动静，又忍不住偷偷溜回来，推开书房的门，偷偷张望。父亲好像从没有听到过什么声响，已经坐在书桌旁工作。孩子们蹑手蹑脚地涌进书房，却满处找不到那块年糕。但是，又不敢问父亲，再偷眼看看父亲，却发现父亲虽然虎着脸，嘴角却露出了"偷笑"，他们终于在字纸篓里找出了那块烤煳的年糕。

阿季和弟弟妹妹们，都非常感谢父亲没有向母亲"告发"他们，为他们保守了秘密。更多的时候，是父亲帮他们一块儿淘气。

那还是冬天里的事。有一年冬天，天气特别冷，后园里的金鱼缸里的水连底都结成了冰。一只只鱼缸半埋在地底下，旁边堆积着凿下的冰块。一块块一堆堆晶莹剔透的冰，一下子让阿季和她的弟弟妹妹们想起了夏日里的冰激凌。虽然天寒地冻，但冰激凌的诱惑就像年糕一样，让孩子们无法抗拒。于是，他们就想自己动手做冰激凌，问父亲准不准做，父亲笑道："你们自己会做，就去做。"

阿季在家里找出一只夏日做冰激凌的旧式小桶，弟弟妹妹们又胡乱从厨房里"偷"了些东西，大家就开始准备做自制的冰激凌。他们在"旱船"南廊的太阳里摇了半天，小木桶里的冰块却老也不化，而铁桶里的冰激凌也不凝固，白白浪费了许多盐。很无奈，他们只好去求助于父亲。父亲眉头一皱，计上心来，微笑着给他们提供了三个方案：一是在冰上浇上一勺开水；二是到厨房的灶仓里去做；最后一个方案是到父亲自己的书房里去做。孩子们高兴得跳起来，他们当然选择到父亲的书房里去做。在父亲的帮助下，冰激凌终于做成了。但是，味道却不怎么样。父亲很有兴致地尝了几口。母亲事后发现了孩子们的秘密，因有父亲的支持，也就没有说什么。

还有一次，阿季和弟弟妹妹们听父亲讲叫花子偷了鸡怎么做叫花鸡，叫花鸡又如何香，如何好吃，他们就忍不住加以发挥，自做叫花蛋。阿季和弟弟妹妹偷了一个鸡蛋，又在结了冰的咸菜缸里偷了些菜叶，把菜叶裹在鸡蛋上，然后涂上泥，便做成了叫花蛋。他们不敢在父亲的书房里烤这枚泥蛋，怕母亲发现呵责他们，自然更不敢在厨房的大灶的火灰里烤。他们只好冒着寒风，躲在后园子里，拣了些枯树枝，偷偷点着一堆火，把泥蛋放在火里烧。风刮得火苗乱窜，一会儿就把火刮灭了，只剩下呛人的烟。烟熏得孩子们的眼泪都淌下来了，泪水和着冷风，冰凉冰凉的，像是要冻在脸上似的。可是，功夫不负有心人，那枚叫花蛋却大获成功，散发着咸菜的香味。只是太少了点儿，只一个蛋，四个人，一人一口就没了。等他们想起来，应该让爸爸、妈妈尝尝他们的"杰作"，叫花蛋早已连一点儿渣渣都没有了。

可是，阿季和她的弟弟妹妹们心里却念念不忘父亲和母亲的爱，很希望能用自己的行动回报父母的养育之恩。

春天，后园山石旁的三棵大芭蕉各开了一朵"甘露花"。阿季和弟弟妹妹们听人说吃了"甘露"可以长命百岁。于是，每天清晨，阿季和弟弟妹妹们就爬上"香梯"

（有架子能独立的梯子）去摘一叶含有"甘露"的花瓣，献给母亲进补——因为母亲总是满心快乐地吞下那一滴甜甜的甘露，而父亲却微笑着不肯接受。也许，父亲是不相信长命百岁的传说，母亲自然也是不相信的，但她不愿拂了孩子们一片心意。

而父亲和母亲，给予阿季和弟弟妹妹的甘露，则是他们的善良、正直和智慧。

第十二章

阿七和阿必

在阿季天淡云闲的快乐中,兄弟姐妹之间的亲情也是其中很重要的内容,特别是与两个妹妹——阿七和阿必。

阿七小阿季五岁。她是母亲亲自喂、亲自带大的小女儿,原以为她就是"老女儿"了。没想到六年后,当阿七蹦蹦跳跳开始上学时,阿必出世了。阿必行八,小阿季十一岁。因为父亲喜欢研究音韵学,爱用古字,必是八的古音,阿必由此而得名。阿七本来小,在已经上初中的阿季眼里,她还是个不懂事的小不点儿。阿必呢?小阿季十一岁的阿必,乖乖地躺在妈妈的怀抱里,一张粉红色的鸭蛋脸,眼梢微微上翘,小圆鼻头,很像一个可爱的布娃娃。

母亲和父亲特别宠爱阿必,不仅因为她"最小偏怜",更重要的是因为她长得很像过早离世的二姐。母亲常常端详着怀里的阿必,眼睛里不由自主地就溢出了眼泪:"活是个阿同!她知道我想她,所以就来了。"

失去二姐,是母亲和父亲最伤心的事。母亲为此哭坏了眼睛,父亲呢,虽然没有流过泪,但那种沉默的思念和哀伤,让人更觉得沉痛。阿必的到来,给了父亲和母亲许许多多的安慰和快乐。家里的大孩子们也因此加倍爱怜阿必。阿七也如此。

父亲常常慨叹：孩子人生第一次经受伤心的事就是妈妈生下了下面的孩子，因为可能就此失去了妈妈的宠爱。可是，阿七却不。她一点儿也不忌妒阿必，她对阿必特别呵护，不像阿季的小弟弟，常常"引"阿必哭。

小弟弟像会催眠术的魔术师一般，指着阿必念"咒语"："哦，哭了，哭了！"刚刚两三岁的阿必就会应声而哭。

而阿七，却总是很亲热地带着阿必玩。母亲每每看着阿七和阿必在一起玩，又心疼又得意："看她们俩！真要好啊，从来不吵架，阿七对阿必简直是千依百顺呀！"阿必喜欢猫。她刚刚会走路，咿咿呀呀学语的时候，常常一个人乖乖地坐在园子里，一动不动，一脸心满意足的神气，而这时，她身边准是偎着一只猫。

渐渐，她走路不再摇摇晃晃，已经能够很自如地奔跑，于是便成了母亲口中的所谓"两脚众生"（无锡话"众生"指牲口），看管不住了。她喜欢一个人偷偷地爬上楼梯，到女佣住的楼上去看小猫。因为猫儿总是在楼上下崽。刚出生的小猫，像阿必一样乖乖的，叫起来的声音很细，透着几分娇弱，它们对阿必有特别大的吸引力。有一次，阿必又偷着去看小猫，不知是老猫惊吓了她，还是她自己踩空了楼梯，她骨碌骨碌地从楼梯上滚下来，摔得很狼狈，鼻子上还抹着一道黑。母亲心疼地问她怎么了，她却回答:"我囫囵着跌了下来。"

阿必不懂"囫囵"的含义,但"囫囵"一词却用得非常传神。

母亲再问她摔了多远,滚下多少楼梯,她便摇头说不清了。

除了偷偷爬楼梯看小猫,阿必还有两件事不乖:一是不肯洗脸;一是不肯睡觉。每当用人端上热气腾腾的洗脸水,她就会觉得大事不妙,一边慢慢向后退,一边慢悠悠地轻声说"逃——逃——逃——"。等母亲拧起热毛巾,她就开始急促地逃跑,连连呼喊:"逃、逃、逃逃逃!"她总是被大人们捉住了,才哭着喊着被迫洗把脸。睡觉,也是这样难。阿必从小觉少,中午从不愿意睡午觉,晚上,也总是迟迟不肯上床。

那时,阿季在振华女中住读,周末才回家。阿季在家的主要任务是管阿必睡午觉。阿季哄阿必睡觉时,阿必乖乖的,表示自己是个听话的好孩子。她静静地躺在摇篮里,闭着眼睛,一动不动,让姐姐唱着歌儿摇她睡。阿季一边轻轻地摇着阿必,一边轻轻地哼着催眠曲。一首连着一首,阿必嘴角含着笑,闭着眼睛,像是睡着了。可是,阿季刚一停止摇和唱,阿必就一下子睁开了眼睛,笑嘻嘻地恳求:"再唱'喜旦娄'(丁尼生诗中流行的《摇篮曲》)。"

阿必根本没睡,一直闭着眼睛欣赏姐姐唱歌,她最喜欢听姐姐唱"喜旦娄"。

阿季火了,沉下脸来训她:"快点困。"无锡话中"困"即睡的意思。

阿必很害怕姐姐的"凶",乖乖地闭上眼睛。阿季于心不忍,接着再唱"喜旦娄"。阿必还是不肯睡,过好一会儿就又偷偷睁开眼睛。

大家戏问阿必:"季姐对你怎么凶?"

阿必回答:"快点困!"

她很逼真地模仿阿季的声音和神态,惟妙惟肖,于是大家捧腹大笑。

阿必虽然很乖,但在大家的偏宠下,身体娇,脾气也娇。于是,家中的孩子常以"引阿必"为乐。阿七喜欢画画,她几笔便勾下一幅阿必的肖像:眉梢向下,眼梢向上,圆鼻头,圆耳朵,鸭蛋脸。阿七画的时候,口中念念有词。

阿七总是先画眉毛,一边画,一边自言自语地道:

"搭其眉毛。"

于是,偎在阿七身旁的阿必看到了两道往下撇的长眉毛。

然后,阿七再画眼睛。阿七快乐地一扬笔,笑说:"豁(无锡话指上翘)其眼梢。"

阿必跟着看到一双眼梢向上的眼睛。

眼睛下面是鼻子,阿七的笔尖一弯,弯出一个小圆圈："小圆其鼻。"嘴巴呢，嘻开着，又宽又薄。接下来，添加两笔，勾出童花头和蛋形的脸。阿七笑嘻嘻地望着阿必："鸭蛋其脸。"她顺手加上两只圆耳朵。

阿必很喜欢这幅漫画，画上的娃娃真神气。可是，她拿起这张画，愈看愈像她自己，便咧开嘴"哇"地放声大哭。

于是，哥哥姐姐们大笑。

阿七就这样常常画阿必的肖像，愈画愈传神。每次还未等她画到"鸭蛋其脸"，阿必就忍不住委屈地大哭。有一次，阿必强忍住眼泪，待阿七画到"鸭蛋其脸"时，她一把夺过阿七手中的画笔，在脸上飞快地点了许多点儿，自己宣布："皮蛋其脸！"

她指着带砻糠泥壳的皮蛋，做了个鬼脸，随后跟着哥哥姐姐们一同大笑。

阿季很为自己的小妹妹阿必高兴。这是阿必的大胜利。阿必终于杀去了娇气，有了幽默感。

一个人有了幽默感，才能够在曲曲折折的人生道路上永远不乏快乐！

"三伯伯"曾给阿季和弟弟妹妹一套《童谣大观》，共厚厚的四册。阿季和几个弟弟妹妹背熟很多，有时故意挑出讽刺阿必娇气的一起对着她唱诵："我家有个娇妹子，洗脸不洗残盆水，戴花选大朵，要簸箕大的鲤鱼鳞，要……，要……，要……，要……，要十八个罗汉守轿门,这个亲,才说成。"

阿必在阿七的帮助下,有了幽默感,也跟着唱,抢着唱,好像和她无关,一副岿然不动的神气。阿七看翻译小说《小妇人》时,阿必也能跟在后面看了,大家都说小说里的艾妹(最小的妹妹)最讨厌,接下去阿七就转过头去看阿必:"就像你。"

阿必笑嘻嘻地回答:"我就是艾妹。"

于是,兄弟姐妹们不再"引"阿必,因为她已不娇气,再也不会哭鼻子了。

阿季上高中时,阿七和阿必都上学了,走读,不像阿季要住在学校里。每逢周末,阿季回到家中,两个妹妹见到她,不知怎样亲热才好。她们抢着向姐姐诉说许许多多的可笑的新鲜事,还有她们新学到的本领。阿季住校不大看电影,总是两个妹妹带姐姐去看电影,她们知道什么片子好看,哪个明星最有魅力。

春天,炊烟袅袅的傍晚,阿七和阿必拥着阿季,到母亲开垦的菜园子里去摘嫩豆角。阿必问:"你吃过生蚕豆吗?吃最嫩的,没有豆腥味。"

阿季感到很新鲜:吃生蚕豆?

阿七抢着说:"快看,看到了吗?地蚕,肥极了,肉麻死人了。"

阿七知道姐姐最怕软虫。

两个妹妹摘下最嫩的豆角,剥出豆,催姐姐生吃,急巴巴地等着姐姐说:"好吃。"她们又匆匆摘下些豆苗,嫩豌豆,胡乱洗洗,放在锅里加水煮煮给姐姐吃。

阿季从来没有吃过这样散发着春天清香的汤。

阿七和阿必得意地笑了。

暑假里,下午,姐妹们总是在后园子里玩耍,乘凉。黄昏时分,天还没有黑尽,风簌簌地拂过树梢,地面上一片斑驳的树影。也许,阿季是因为还记着大王庙女生们有关鬼的争辩,胆子也变小了,如果要回房间取东西,她总是不敢一个人单独回去。这时,阿必就会自告奋勇:"我陪你去。"有时是阿必,有时是阿七,妹妹们长高了,伴着阿季,仿佛是姐姐的保护人,很有几分骑士风度。

最令人向往的还是下雪的冬天。

一清早,阿必和阿七就会一起来就敲阿季的窗棂:"快起来,落雪啰!"阿季慌慌地一跃而起。后园子里,一片苍茫,树木披着一身白。三姐妹奔跑其中,打雪仗、堆雪人。雪下得厚的时候,那便更令人兴奋,她们就吃雪。从后园石桌上舀最干净的雪,加些糖。父亲笑眯眯地望着她们,给她们出主意:"挤点橘子汁加在雪里会更好吃。"

三个女孩子,冻红了鼻子,冻红了手,大口大口地吞咽加了橘子汁和糖的白雪,比冰激凌还冰激凌。

许多年后,杨先生下笔回想着这些遥远的少年时代的快乐时,心头充满了忧伤,因为两个妹妹阿七和阿必已离开人世,是最小的妹妹阿必打头先"走"的。

第十三章

细是细非

1925年的冬天，阔别多年的"三伯伯"又出现在阿季和弟弟妹妹们面前。她一个人，悄悄地来到了苏州。

阿季记得，在北京的时候，"三伯伯"到阿季家里时，总是带着一帮朋友，他们三五成群，很兴奋地在客厅里说说笑笑。她去美国留学时，送行的朋友也很多，有学生，有老师，大家簇拥着她，依依惜别。可是，现在，她一个人孤孤单单地来到他们家，就像江南的冬天一样清冷。

"三伯伯"好像变了一个人，变得孤僻，不大和人说话，和阿季的母亲也没几句话。而原先，她嫁到蒋家时，每每回娘家，总是和阿季的母亲有话说，姑嫂两人的关系挺亲密。"三伯伯"犹犹豫豫地好像想和阿季、阿季的弟弟妹妹们亲近，但又好像找不到途径。也许因为她是补塘先生所言的"大教育家"，而阿季和她的弟弟妹妹们却不爱受教育，所以都对她敬而远之。

只有和补塘先生在一起的时候，"三伯伯"才又变回往昔的她，滔滔不绝，好像有说不完的话要对补塘先生倾吐。常常在一边旁听的阿季，不大懂得她和父亲交谈的内容，也不感兴趣，只是觉得"三伯伯"占了那么多该是她们和父亲在一起的时间，很烦。她很希望"三伯伯"快点儿把话说完。

阿季和弟弟妹妹们，那时还不知道"三伯伯"是怀着一颗伤残的心，来投奔他们的父亲、自己的亲哥哥——补塘先生的，她的生计和前途皆缥缈无着落。

很要强的"三伯伯"，漂洋过海，读书求知。她在美国苦读五年，才拿到哥伦比亚大学的教育学硕士学位。按照当时美国的规定，她可以留在美国，入高薪阶层，过一份逍遥而安逸的生活。可是，她没有留在美国，也许她像当年参加理化研究会学习那样，希望"理化"救国。1923年她回到祖国时，曾绕道苏州看望自己的长兄补塘先生。和补塘先生闲聊之中，她唯一的缺憾是自恨没能读到博士。

补塘先生笑她："别博士了，头发都白了，越读越不合时宜了。"

已近不惑的她，头发中果然有几根白发。

她还是一个人，好像远远地避开了恋爱和婚姻。是因为一朝遭蛇咬，十年怕井绳？不得而知。

1924年，她出任北京女子师范大学校长，很自然地照搬西方教育方式和她自己的立身处世之道来管理学校。而这时的她，对国内革命风潮是相当隔膜的。她不能理解当时的形势，也不知道自己所处的地位，只是带着几分盲目的自信，自信自己能有所作为。

她上任不久，在落叶飘飞的秋天里，女师大学潮突起，反对封建礼教，反对帝国主义。同时，学生们很反感她的教育手段，也很反感她的教育方式，矛头很尖锐地直指她。学潮延续数月，一直没有平息。而她竟用自己的标准将首先发起学潮的六名女学生刘和珍等开除了。可是，她万万没有料到她自以为正确的治学治校方针，特别是将六名学生开除出校的决定，竟受到校内外社会舆论的强烈谴责和反对，她被迫辞职，还被享有很高声誉的同事鲁迅先生嘲讽为"广有羽翼"的校长，"封建"的"卫道士"。一如杨绛先生所说："1924年，她做了北京女子师范大学校长，从此打落下水，成了一条'落水狗'。"

"三伯伯"在一片谴责声中，无可奈何地离开了北京，从此长住阿季家。本来，"三伯伯"就有点儿细腻敏感。一路春风地留学回国后，突遭这样沉重的打击，她就变得格外敏感，好像觉得人人都盯着她责备，人人都嫌弃她，连她自己也不知道该怎样对待自己，常常为一点儿小事就责骂自己是"开盖货"（无锡话，略似上海话的所谓"十三点"，北方话的"二百五"）。

父亲是宽和的，母亲呢，一向非常怜悯"三伯伯"早年嫁傻子的遭遇，也最佩服"三伯伯"的个人奋斗精神和能力。一个被社会所不容的人，最能容忍他或她的还是他或她的家人。一个人无论是失意抑或春风得意，回到自己的家中，他或她便还是原来的他或她。就像我们平常的口头语：家门口的水塘，谁还不知道谁？在父亲和母亲的眼里，"三伯伯"还是原来的"三伯伯"，而不是被人们所不齿的"落水狗"。

在刚刚落成的新居里，父亲和母亲给她腾出两间最新的房子。在后园有三间房，形似船，孩子们便把这三间房子叫作"旱船"，而其中的两间"旱船"是属于"三伯伯"的。房间里的家具，父亲和母亲也替"三伯伯"准备好了，"三伯伯"只自添了一个绿色的小铁床。

"三伯伯"喜欢绿色，绿色的小铁床前挂一把绿色的双剑——一个鞘里有两把剑。帐围呢，则是在一幅白"十字布"上用绿线绣上些竹子。可是，"三伯伯"全不会女红，帐围上的竹子和一弯月亮、几只归鸟，全是阿季帮她绣的。

那时，离阴历除夕只有三四天了，"三伯伯"却一心想在除夕前把她的帐围绣好。也许是因为经历了严重的挫折和失败，"三伯伯"想自己给自己添一抹新绿，除旧迎新。这便累坏了阿季。"十字布"很厚，画纸钉在布上，绣几针就得对着光照一照，很费事。阿季成天在"三伯伯"的"旱船"里做活，紧赶慢赶，大年除夕的晚饭前恰好赶完。

"三伯伯"非常高兴，奖给阿季一支自来水笔。

刚开始的时候，孩子们虽然和"三伯伯"不亲，不大喜欢她，但还是常常到她屋里去玩。他们满怀好奇地要

"三伯伯"舞剑给他们看,"三伯伯"亦不拒绝,很有几分兴致地抽出剑来舞给孩子们看。其实,她舞得并不好,只不过两手各拿一把剑,做几个姿势,并非武侠小说中所描述的那样——双剑上下飞舞,一片剑光,不见人影。孩子们虽然失望,但毕竟还是满足了好奇心。

有一次,一位半老新娘要到家里来做客。"三伯伯"很高兴地把学校里的一套又搬了过来,她建议孩子们开个欢迎会,阿季做主席致辞,然后送上茶点,吃茶点的当儿由阿季带着弟弟妹妹们演个节目助兴。阿季很烦这一套,又不敢违拗,只好带着弟弟妹妹们勉强从命。偏偏新娘是个苏州旧式小姐,从来没见识过如此这般的西洋礼节,亦很勉强地敷衍孩子们。结果,弄得大家都很败兴。

渐渐地,孩子们和"大教育家""三伯伯"之间时不时地会发生些叮叮当当的小摩擦。最先的导火线是进"旱船"要不要脱鞋。

"三伯伯"独身一人,有洁癖,又非常爱惜新房子和新漆的地板,孩子们进她的屋子必须脱鞋。而她自己却不脱鞋。她的理由是:孩子们在后园里玩,鞋底的泥多,况且小孩子穿鞋、脱鞋很方便。她自己是"解放脚",脱了不好走路,再说她的鞋很干净。

两个弟弟不服气,跑去问父亲:"爸爸,到'旱船'去要脱鞋吗?"

父亲正忙,又不知底细,随口回答:"不用。"

弟弟们有了"尚方宝剑",理直气壮:"爸爸没叫我们脱鞋,她自己不脱,凭什么叫我们脱?"

于是,孩子们穿着鞋到"旱船"去。"三伯伯"的脸就挂了下来,很不高兴的样子。于是,孩子们觉得"三伯伯"不欢迎他们,他们就不到"旱船"去了。

接下来是为了猫。

补塘先生和阿必一样爱猫,所以家中养了好几只猫。猫也各有性格。阿季和弟弟妹妹们最不喜欢的是一只金眼纯白猫。那只猫很漂亮,可是它见物不见人,最无情。孩子们好好儿给它东西吃,它却每次都要用爪子一抢而去。于是,孩子们恨恨地给它起了个外号——强盗猫。有一次,阿必轻轻地抚摸"强盗猫","强盗猫"伸爪便是一巴掌,抓得阿必鼻子都破了,忍不住伤心大哭。于是,"强盗猫"成了孩子们的公敌。可是,"三伯伯"却很同情"强盗猫",常常像抱女儿似的抚摸着它,代它申诉委屈:"咱们顶标致的!"每每出门回来,她便又要抱着"强盗猫"问:"小可怜儿,给他们欺负得怎么样了?"

于是,"三伯伯"就和"强盗猫"结成了同一个阵营,成了孩子们的公敌。

再接下来便是为了母亲。对人对事反应总是慢悠悠的母亲,特别宽容"三伯伯"。"三伯伯"衬衣破了,母亲怕裁缝做得慢,亲自上街给她买料子,还亲自给她裁好,很快就用缝纫机给她赶制了出来。"三伯伯"却不领情,还要挑点儿毛病，什么颜色呀，样式呀。她想吃什么菜，只要张口，母亲就特地为她下厨。菜端上饭桌，母亲总是叮嘱孩子们：这是给"三伯伯"吃的。孩子们也就从不下筷。而忙忙碌碌的母亲，往往总是最后一个坐下吃饭，自然也就最后一个吃完，而且她吃得少而慢。有几次，"三伯伯"吃完了饭，却又故意回到吃饭间，目光在吃剩的菜盘上扫来扫去。母亲恍然大悟："她是在看我吃什么好菜呢。"说着不禁笑了，母亲吃的不过是剩菜。

对"三伯伯"这样的细腻敏感，母亲并不介意。可是，孩子们却不高兴了，觉得"三伯伯"太自私自大了，什么家务事都不过问，还欺负妈妈。于是，他们常常嘀嘀咕咕地抱怨"三伯伯"。母亲听见了，很严厉地训斥孩子们："老小勿要刻薄。"

有一次，阿季生气，说"三伯伯"欺负母亲。母亲反问她："你倒想想，她，怎么能够欺负我呢？"

阿季想想也是，"三伯伯"怎么能欺负母亲呢？母亲是一家之主，连父亲也听她的，"三伯伯"只不过是寄居在"旱船"。可是，阿季和弟弟妹妹们心上总还是不服气，遇到一丁点儿小事，就想出各种办法去对付"三伯伯"。

秋天，栗子刚上市。一天，孩子们买了一大包滚烫的糖炒栗子。母亲平常不喜欢吃零食，有了什么好吃的，也要留给别人吃，好吃的她也不贪吃。可是，孩子们都知道母亲喜欢吃栗子。一大家人围着饭桌吃栗子。阿季和弟弟妹妹们剥到软而润的，就偷偷儿揣在口袋里，不约而同地"打偏手"，一会儿就把一大包栗子吃完了。

精细的"三伯伯"像是看穿了孩子们的鬼把戏，她喃喃自语道："怎么这样一大包栗子，这么一会儿就吃光了？"

孩子们呆着脸，不吭声。

等"三伯伯"和二姑母回房后，阿季和弟弟妹妹们各自掏出一把最好的栗子献给母亲。母亲却不高兴，责备了孩子们几句，不过责备得很温和。她也只吃了不多的几颗，阿季和弟弟妹妹们乐呵呵地把剩下的栗子都吃了，绝没有想到要给"三伯伯"留几个。

敏感的"三伯伯"回屋后，心里也准不好受，吃几颗栗子，孩子们也要联着帮，排挤她。

俗话说，清官难断家务事。每个家庭都有自己的细是细非，一本难念的经。重温那些久远了的是是非非，就仿佛把过去的日子又重过了一遍。

关于"三伯伯"，牢牢留在杨先生心里的是母亲平和的叹息——母亲说，"三伯伯"其实是贤妻良母，只为一辈子不得意，变成了那样。言外之意，对"三伯伯"那样遭受过沉重打击的人，应格外地宽和、善待，将心比心。

也许，一个女孩儿的善良，多来自母亲。

母亲给了阿季一颗善良的心。

第十四章
大叩则大鸣 小叩则小鸣

阿季喜欢读书。

有一次,父亲问她:"阿季,三天不让你看书,你怎么样?"

阿季想了想,回答:"不好过。"

父亲又问:"一星期不让你看书呢?"

阿季张口便说:"一星期都白活了。"

父亲微笑着看着她,英雄所见略同:"我也这样。"

那时,阿季在苏州振华女中读书,很高兴地觉得自己已经长大了,可以做父亲的朋友了,可以和父亲一块儿从书中寻找快乐。

书的世界,虽然如古人所说"浩如烟海",但却是真正的"天涯若比邻"。就像杨绛先生在《读书苦乐》一文里所说:

> 我们可以在苏格拉底临刑前守在他身边,听他和一位朋友谈话;也可以对斯多葛派伊匹克悌忒斯(Epictetus)的《金玉良言》思考怀疑。我们可以倾听前朝列代的遗闻逸事,也可以领教当代最奥妙的创

新理论或有意惊人的故作高论。反正话不投机或言不入耳,不妨抽身退场,甚至砰一下推上大门——就是说,啪地合上书面——谁也不会嗔怪。这是书以外的世界里难得的自由。

阿季喜欢书,不光是受父亲的影响,还有母亲。

母亲忙里偷闲,最好的消遣便是读书。安安静静的屋子里,母亲身畔放着装针线的藤箩,手里握着一卷书,眼角眉梢跳跃着舒坦的笑容。这景象一直深深地印在阿季的脑海里。

母亲曾在上海务本女中读书,和"三伯伯"算是同学。后来,"三伯伯"出国留学,披上黑色的博士斗篷,整日沉浸在为人师长的忙碌和快乐中。而母亲却一直默默地伴着补塘先生,琐琐碎碎地料理着一个家。尽管这样,母亲对书的喜爱和钟情却仍旧不会忘怀。每晚临睡前,她总要看一会儿书。

母亲的卧室和父亲的卧室相连,两张大床中间隔着一扇永远不关的小门。母亲的床头有父亲特地为她买的大家抄本八十回的《石头记》,床角还有一盏台灯。夜晚,床头台灯的亮光便带着她漂洋过海,进入别有一番人生的天地。母亲喜欢看《石头记》《聊斋》之类的旧小说,但也看过许多当时流行的新小说和散文。

有一次,母亲看了几页绿漪女士的《绿天》,对阿季说:"这个人也学着苏梅的调儿。"

阿季很吃惊。

苏梅就是苏雪林,是当时很有些名气的女作家。而《绿天》是她用笔名写的一组散文。

阿季回答母亲:"她就是苏梅呀。"心里非常佩服母亲能从众多的女作家里辨别出"苏梅的调儿"。

父亲呢,喜欢读诗,最喜欢杜甫的诗。他常常一遍又一遍地把杜甫的全部诗作从头至尾读完。也许,是因为杜甫的忧愤,补塘先生深有体验。可是,父亲却不写诗,他钻研的是音韵学,没事的时候他就把不同时代的韵书,一个字儿一个字儿地推敲。

音韵学是一门复杂细致的大学问,其中又可分为三个部门,即今音学、古音学、等韵学。汗牛充栋的历代音韵学著作,以及变化莫测的中国五大语音系统,研究起来是很不容易的,像一块很难啃的"硬骨头"。

音韵学这块"硬骨头"在已经读中学的阿季心里,很有几分单调的枯燥,什么"合口呼""撮口呼",她一点儿也不感兴趣。阿季取笑父亲说:"爸爸读一个字儿一个字儿的书。"

父亲微笑不语。

父亲也曾有饶有兴致地教阿季音韵学,可是看阿季写在脸上的没兴趣,便也就不再勉强她。

父亲对阿季说:"阿季,你恐怕是喜欢辞章之学吧。"

和母亲一样,阿季往往能从一句或慷慨激昂或委婉幽深的诗句中,体味到不同作者对生命、对世事不同的体味和慨叹。就像母亲能从众多的女作家中辨别出"苏梅的调儿"一样,阿季喜欢从长长短短的诗句中,寻找和积累令自己心仪的人生智慧。那些智慧像流动的水,带着她漂流过两岸狭窄、高耸入云的山峰,让她陡然看到一个更为广阔的世界。

每天晚上,临睡前,父亲总是手里握着一卷诗,临窗朗声读诗。阿季呢,常常站在父亲身边,看着父亲手中的诗卷,出神地听。

现在,这样"读"的快乐,已渐渐离我们远去。电视机越来越宽大的屏幕上跳动着的彩色画面,替代了父辈们和我们自己的朗读。而美丽、动人的诗文,常常是在朗读和聆听的过程中,一遍比一遍更深入地刻进我们的记忆和情感。

> 烟笼寒水月笼沙,
> 夜泊秦淮近酒家。
> 商女不知亡国恨,
> 隔江犹唱《后庭花》。

这是杜牧的忧伤。

国破山河在，

城春草木深。

感时花溅泪，

恨别鸟惊心。

烽火连三月，

家书抵万金。

白头搔更短，

浑欲不胜簪。

这是杜甫的忧愤。

忧伤和忧愤，还有惆怅的叹息，抑或激昂和悲壮；在父亲的朗读声中，一点点融入阿季对人生和人世的洞察之中。

补塘先生曾在《申报》的一篇短文《陶渊明》中说："凡学古人诗文，当学其为人，在肖其精神，而不在形似。"对待子女，他也是这样身教言传。这便是文化铺垫，一个人年幼时的文化氛围是非常重要的，精神的滋养，将会使人终身受益。后来，不管阿季陷入什么样的境地，总能从容应付，不失自尊。而一个没有文化铺垫的人，不管是处于热热闹闹的人生巅峰，还是一脚踏入艰难的困境，内心都不会有一个自若的栖息之处。

父亲虽然鼓励阿季多读书，但是，他却不要自己的孩子念死书，在学校门门功课都是 100 分。补塘先生和我们现在的大多家长不同,他很有点儿看不起门门功课都是100分的好学生。我们今天的大多数家长和老师,往往都是以"分"论英雄,一好——学习好,遮百丑。门门功课都是100分的学生,是家长和老师们的骄傲,也是社会的天之骄子。而门门功课都是100分的学生中却不乏"高分低能"者,在实践中,则往往是一筹莫展。

冬日里,中午休息的时候,父亲和阿季在炉火旁闲谈起他过去的同学,常常用嘲笑的口吻谈起他们班上一个门门功课都是100分的同学,很不屑地说那个同学是个低能儿。阿季暗自得意,因为她很少能考到100分,自然不会是低能儿了。

阿季上到高中,还不能很自如地分辨平仄声,心中不免有点儿着急。父亲却安慰她说:"不要紧,到时候自然会懂。"

父亲并不急着要阿季下功夫,怕伤了阿季的身体。补塘先生有个偏见,认为女孩子身体娇弱,不宜苦用功。他常常向阿季感慨,和他同在美国留学的女学生个个短寿,都是因为用功过度,伤了身体。所以,女孩子学习要悠着点。有些知识,水到渠成,不必苛求自己一下子弄懂。

果然,有一天,阿季突然豁然开通,能够分辨四声了,说懂就懂了。

晚上,阿季已经躺在床上,准备休息了,父亲还常常穿过长廊,敲敲阿季的窗棂,考阿季某字什么声。考对了，父亲便高兴地朗声大笑；考倒了呢，父亲也还是高兴地朗声大笑。

所以，读书、学习，对阿季和她的弟弟妹妹们来说，是一件轻松快乐的事，父亲和母亲从不勉为其难。不像我们今天的大多数中学生们，成天打题海战，刚初中毕业，有些尖子生便像小老头儿一般深沉了。或者，有的学生厌烦得根本不想再学习。

补塘先生家中的藏书很多。高高的书橱一直挨着屋顶，除了古诗文、新旧小说书，还有许多自然科学和法律方面的书籍，紧紧地、很整齐地一本挨着一本，一直排到顶着屋顶的最高一层，仿佛堆积着一个智慧的大千世界。

如果阿季对什么书表示出好奇心和兴趣，父亲就会把那些书放在阿季的书桌上。有时，为了找一本阿季喜欢的书，父亲得亲自爬到梯子上，在书橱的高处细细搜寻。

可是，如果放在阿季案头的书，阿季不读，就那么放着，过了一段时间，那本书便会不翼而飞。

这就是父亲的谴责。

尽管家中的书很多，父亲还是会常常为孩子们买书。给阿季买的，多半是诗词小说。阿季对文学的心仪，也许就是从那时候开始的。

两个妹妹，阿七和阿必也和阿季一样，喜欢读书。阿季上初中时，阿七已能够很顺溜地背诵诗仙李白的《蜀道难》。这首诗在古诗中算是比较长的，其中还有许多很难认的字。这首诗背起来,对一个小女孩儿来说,并非一件很轻松的事,不像唱儿歌那般快乐。

周末,阿季回到家中,阿七很兴奋地对阿季说:"姐姐,我会背《蜀道难》了,我背给你听!"

阿季心里很惊讶,自己虽已读初中,但这首诗中还有许多字不认识呢。阿七已经会背了?

阿七两手闲闲地搭在膝盖上,像背儿歌一般,开始背诵:

> 噫吁嚱,危乎高哉!蜀道之难,难于上青天!
> 蚕丛及鱼凫,开国何茫然!
> 尔来四万八千岁,不与秦塞通人烟。
> 西当太白有鸟道,可以横绝峨眉巅。
> 地崩山摧壮士死,然后天梯石栈相钩连。
> 上有六龙回日之高标,下有冲波逆折之回川。
> 黄鹤之飞尚不得过,猿猱欲度愁攀援。
> 青泥何盘盘,百步九折萦岩峦。
> 扪参历井仰胁息,以手抚膺坐长叹。
> 问君西游何时还?畏途巉岩不可攀。
> 但见悲鸟号古木,雄飞雌从绕林间。
> 又闻子规啼夜月,愁空山。
> 蜀道之难,难于上青天,使人听此凋朱颜!
> 连峰去天不盈尺,枯松倒挂倚绝壁。

飞湍瀑流争喧豗，砯崖转石万壑雷。

其险也若此，嗟尔远道之人，胡为乎来哉！

剑阁峥嵘而崔嵬，一夫当关，万夫莫开。

所守或匪亲，化为狼与豺。

朝避猛虎，夕避长蛇，磨牙吮血，杀人如麻。

锦城虽云乐，不如早还家。

蜀道之难，难于上青天，侧身西望长咨嗟！

阿七的背诵抑扬顿挫，如行云流水，竟然一个磕巴都没打。阿季对阿七不免另眼相看，心里很是佩服。

阿必呢，也渐渐追上了阿七。

有一次，姐妹三人在后园子里的石桌旁闲谈，阿必忽然语出惊人。她笑着说："史湘云睡觉不老实，两弯雪白的胳膊伸在被外，手腕上还戴着两只金镯子。"

阿季和阿七，两个姐姐相视一笑，问她："你是怎么知道的？"

阿必很有把握地回答："我是从书上看来的！"

原来，才六七岁的阿必，和母亲同睡大床。晚上，她假装睡觉，躲在母亲的帐子里偷看父亲特地给母亲买的《石头记》。父亲和母亲都知道她的小把戏，却也不责备她。

不久，父亲买了一部《元曲选》给孩子们。阿七和阿必特别高兴。她们不读曲文，单看说白。每逢阿季周末回家,阿七和阿必就抢着给阿季讲元曲故事。阿必头头是道地告诉姐姐:"你看好笑不好笑,丫头都叫梅香,坏丫头都叫腊梅,'弟子孩儿'是骂人,更凶的骂人是骂'秃驴弟子孩儿'。"

补塘先生对子女的教育理论是:孔子的"大叩则大鸣,小叩则小鸣"。

第十五章

Dare to say no

北伐胜利时,阿季十六岁,正读高中。

那时的苏州城,和全国各地一样,也沉浸在不安的激动中。大街上不断涌过群情激昂的游行队伍,最热闹的街头亦常常被群众集会堵塞。

那是一个洋溢着胜利与欢乐的动荡年代。

民国建立以来,承受了几千年压迫的百姓还没有领略到推翻帝制、建立共和的快乐,便在军阀的混战中继续过着另一种专制下的生活。那是一段弯弯曲曲的黑暗的历史岁月。当时的情况,正像孙中山先生所说:我国最大的祸害是军阀们争权夺利,南与北是一丘之貉,没有什么差别。

1926年2月,中国共产党向全国人民明确提出了出兵北伐、推翻军阀统治的政治主张,得到广大群众的积极支持和响应。7月,国民政府率十万北伐军分三路从广州誓师出发。北伐军所到之处,处处受到人民的拥戴和支持,所以节节胜利。

在那些许多人满怀期望、兴奋躁动的日子里,原是励志会激进派的补塘先生却很冷静。也许,是因为补塘先生再度出国在美国留学四年，埋头读书，对国内的革命情况比较陌生，而他在美国学的又是法学，很可能对西方的"民主法治"产生了幻想。所以，他原先的"激烈"，渐渐冷静下来。

但是，补塘先生对北伐战争仍旧是非常关注的。有一次，在静静的夜晚，当他放下手中的诗卷时，忍不住对阿季细细地分析起"革命派"和"立宪派"的得失。

什么是"立宪派"？阿季不懂。

"革命"和"立宪"，于阿季，一个十六岁的少女、一个刚刚迈入高中的女学生来说，遥远而茫然。尽管父亲很耐心地对她分析讲解，阿季还是不懂，听完也就忘在一边，只隐隐觉得父亲倾向于改良。父亲的结论好像是——改朝换代，换汤不换药。而她自己呢，在父亲和母亲的呵护下，上学、读书，整日沉浸在书的海洋中，温暖而快乐。不像父亲年轻的时候，那么"激进"，能看到革命的迫切。阿季只是凭着抽象的了解，觉得救国救民本是很复杂的大事，推翻一个政权并不能解决问题，还得有一个好的制度和一个好的政府作为保障，救国救民才切实可行。

但是，革命的风潮却让她面临选择。

一次，学生会组织各校学生上街宣传——掇一条板凳，站在板凳上向街上的行人演讲。阿季也被推选去宣传。

已经上了高中的阿季，瘦弱、白皙，看上去仿佛只有十四岁,像个初中生。而且,她平常总是文文静静的,一着急,脸就涨得通红,说话的声音又温和细弱,当街宣传,谁能听得见呢?

虽然,人们总是说:上有天堂,下有苏杭。但和上海只一步之遥的苏州,当时的风气却很闭塞。街上轻薄的男人很会欺负女孩子。阿季想,如果她在街头站上板凳,那些轻薄的男人准会看猴儿似的围拢上来看,甚至还会耍猴儿。不会有人认真听她的宣传。

阿季不想参加宣传,却又无法推辞。

学校里也有不去参加宣传的同学,大多是古板人家的小姐。她们的办法很简单,就推说是家里不赞成,于是就可以豁免参加种种活动。比如:开会、游行、当代表等等。

周末,阿季回到家中,立刻向父亲求救,问自己能不能也向学校说家里不赞成。

补塘先生一口拒绝。

他端详着自己的女儿,很认真地说:"你不肯去就别去,不用借爸爸来推挡。"

阿季慌忙地回答:"不行啊,少数得服从多数呀。"

补塘先生沉吟着道:"该服从的就服从,你有理,也可以说。去不去在你。"

阿季哑然。

她觉得自己的"理"实在很难说出口,总不能说自己的脸皮比别人薄吧。

补塘先生从不喜欢随大流。为人处世,有所为,亦有所不为。为与不为,他恪守着自己的原则,从不因为个人利益的得失,抑或他人、社会的褒贬而改变。他做律师,有些案子不论报酬多高,也决不受理。

比如,有一次,出了个大案子——驻某国领事高瑛私贩烟土出国。东窗事发,高瑛的亲属携礼上门,再三请补塘先生为其辩护。补塘先生却以不受理刑事案件为由,将其亲属拒之门外。其实,补塘先生并非不受理刑事案件,只是不愿替高瑛这样贪婪的赃官辩护罢了。而为了那些没有钱的穷苦人的刑事案,补塘先生总是自告奋勇地义务为他们辩护。

补塘先生母亲的丫头的儿子,酒后自称是"革命军总指挥",法院咬定他是共产党。为此,补塘先生多方奔走,设法相助。那时正是南方最热的酷夏里,补塘先生为这个莽撞的汉子出庭辩护回到家中,长衫汗湿了半截,里面的夏布短褂子汗得能拧出水来。并且补塘先生那时已患有高血压症。在家中和母亲一同焦急等待父亲的阿季,从父亲手中接过那件沉甸甸的湿衣,心也是同样的沉重,生怕父亲过于劳累而犯病。补塘先生对自己的病情却毫不在意,照样奔波忙碌。经过补塘先生多方周旋,那位莽撞的汉子还是被判了一年的徒刑。

又有一次,补塘先生到上海出庭。在出庭中,路见不平，他又自揽了一件刑事案：无锡一家银行保险库失窃。在补塘先生看来明明是经理监守自盗，却冤枉两个管库的老师傅。两个老师傅，有冤无处诉，唉声叹气："我们哪有钱请大律师呢？"于是，补塘先生挺身而出，义务为他们辩护。

将近半个世纪以后，一位宁夏银川财经部门退休干部林壮同志读了杨绛先生发表在《当代》上回忆补塘先生的文章，来信告诉杨先生，他深知那件失窃案的内情。补塘先生当时对案情的分析是非常正确的。而那两个老师傅，经过补塘先生的辩护，被当庭释放。最后，案子不了了之。补塘先生就是这样一个人，铮铮铁骨。

为了说服阿季，应由她自己来决定去与不去参加宣传，补塘先生还向阿季讲了一个自己的"笑话"。他在当江苏省高等审判厅厅长的时候，"辫帅"张勋不知打败了哪位军阀，胜利进京。自然也就有很多的所谓绅士跟在后面吹捧，表示忠心。江苏省的一些士绅们也联名登报欢迎。他无意中在欢迎的名单里发现了自己的名字，怒不可遏。此事是他的一个下属擅自干的，那位下属以为名字既已见报，补塘先生虽不愿意也只好作罢。可是，补塘先生无论如何绝不肯欢迎"辫帅"张勋，并要登报声明。他对自己的下属和朋友们说："名与器不可以假人。"言辞激烈，态度威严。他的朋友劝他："唉，补塘，声明也可以不必了吧。"虽然，他自己也知道这番声明太不通世故，但他还是立刻登报了。

父亲微笑着望着阿季,问她:"你知道林肯的一句名言吗?"

阿季摇头。

父亲朗声笑道:"Dare to say no! 敢说不! 你敢吗?"

阿季苦着脸回答:"敢。"

可是,底气却不足。她心里想:可惜不是为了什么伟大的目的,只不过是一个爱面子的女孩子不肯上街出丑罢了。

回到学校,阿季决心不去参加宣传。同学们问她为什么。她想来想去,想不出一个充分的理由,便很坦白地对她们说:"我不赞成,所以,我不去。"仿佛有点儿像小孩子赌气。

你不赞成,你就不去?

在那种轰轰烈烈的革命气氛中,阿季在同学们看来自然是很"岂有此理"的。于是,他们向校长告了她一状。校长十分生气,把阿季叫了去,狠狠地训斥了一顿。可是,文文静静的阿季,还是坚持——No!

其他三个被推选去参加宣传的女学生,比阿季年龄大一些,也老练一些,很热情、很兴奋地站到街头宣传。听她们宣传的人中看热闹的居多,自然夹杂了不少轻薄的男人。她们才宣传半天,就有个自称是团长的国民党军官对她们大加赞赏,邀她们第二天到留园去宣传,而实际上是请她们游园吃饭。

女学生们的革命宣传,就这么轻而易举地变了味。

校长事后知道,大吃一惊,生怕闹出事来。于是,她禁止女学生们再上街宣传。阿季的"岂有此理"也就变为"很有道理"了。

然而,对众人——Dare to say no,毕竟不是一件容易的事,哪怕是一件小事。

第十六章
东吴"遇仙"、小狗和"怪物"

阿季心心念念想考清华大学。可是，那时清华大学刚刚收女学生，不到南方来招生。阿季只好退而求其次，就近考入东吴大学。

二十世纪二十年代末期，我们古老的祖国虽然经历了孙中山先生领导的辛亥革命和五四新文化运动的洗礼，但一方面它仍沉浸在庞大的、盘根错节的封建统治的阴影中，另一方面它又饱受着外来殖民主义者的疯狂掠夺，依然是贫穷落后。因为贫穷，因为落后，又因为封建思想的束缚，那个时代，能上大学的女孩子是很少的。

东吴大学的女生也不多。

阿季初进东吴大学时，女生宿舍还没有建好，所有的女生都住在一所小洋楼里。而那所小洋楼原是一位美国教授的住宅，很幽静。窗外花木丛密，窗纱上爬满了常青藤。屋子里的光线亦带着几分幽幽的阴暗。把快乐的女大学生们安置在这样的环境中，是很相宜的。

阿季第一年住在楼上朝南的一间大房间里，四五个人住一间屋。房间虽然大，却也显出几分拥挤。第二年的下学期，阿季和她的朋友淑姐被分配到一间小房间。那间小房间在后楼梯的中间，原是美国教授家男仆的卧室。很小的一间房，只能放下一张桌子、两个板凳和两张小床。门在北面，对着后楼梯半中间的平台。阿季的床靠着北墙，挨着门。

淑姐是阿季的中学同班同学，也是她非常要好的朋友。她们俩同住一间小房，很高兴，清静而和谐。这很宜于阿季的睡眠。

其实，阿季和妹妹阿必一样——不肯睡，睡眠又总是特别警觉。稍有风吹草动，或有说话声，她就会从睡梦中惊醒。即使是在非常劳累的情况下，一丁点儿响动，也会将她"吵"醒。住在楼上大屋时，屋里只要有人起夜，阿季就会醒。同屋的同学都知道她——只要你从床上轻轻地坐起来，她那边就醒了。

可是，在东吴大学那座小洋楼里，有一次她却睡得昏天黑地，惊动了全楼的同学，连同舍监和校工，闹了一个大笑话。事后，大家都说她"遇仙"了。每每想起那次"遇仙"，总仿佛带着几分抹不去的神奇。

那是一个轻松、愉快的夏夜。大考已经结束，暑假即将来临，学校在礼堂放映美国电影。年轻的大学生们如释重负，再也不用埋头复习功课了，可以心无挂念地看一场外国电影。也许，这是最自在的一种消遣吧。

阿季和淑姐也跟着同学们一块儿去看电影。可是，那部美国电影阿季却不怎么欣赏，还没看到一半就悄悄抽身离开了大礼堂。回到宿舍，只她一个人，灯光呢，又暗暗的，看书太费眼。更何况已经看了整整一个学期的书了，阿季放下帐子，熄了灯，独自先睡了。

于是，她遇见了——"仙"。

阿季和淑姐刚刚搬进那间小房间时，同伴们就告诫她们俩，据传说那屋里有"仙"。阿季并不胆怯，很好奇地问她们"仙"是什么样儿。

一个女同学回答说："美人。"

阿季笑了："美人我可不怕。"

另一个女同学说："男人看见的是女人，女人看见的是白胡子老头儿。"

阿季忍不住高兴地笑道："白胡子老头儿我也不怕。"

她说这话时，正在那间小屋里，环顾四周，并没有发现"仙"的痕迹。不知是不是因此而冒犯了"仙"，"仙"就在那一个轻松、快乐的夏夜里，踮着脚尖，一步一步，轻轻地踏进她的睡梦里。

很晚，电影才散场。淑姐和伙伴们一起说说笑笑地回到宿舍。当她推门准备进屋时，才发现门从里面反锁上了，推不开。她便轻轻地敲了几下门，却没有人应答。她以为阿季睡着了，便又轻轻地喊了几声："阿季，开开门。"但仍然不见动静。淑姐只好用力地打门，大声地喊叫，里面还是寂无声息。其他宿舍的女学生们也过来帮着淑姐叫门。人愈来愈多，门却打不开。有人用拳头擂，有人用脚踢，吵闹成一片。

女生宿舍的舍监是个美国老姑娘，也被女学生们吵醒了，闻声赶来。她很有经验地说："光打门不行，睡熟的人，得喊她的名字才能喊醒她。"于是，女学生们一起扬声高喊阿季的名字。一时间，楼上楼下挤满了人，全体女生都涌到阿季的房门口。阿季却仍然没有从睡梦中醒来。

和阿季相处已经一年的同伴们都知道阿季睡觉特别警醒，不会这样大喊大叫而不醒。敏感的女孩子们忽然害怕了——阿季会不会自杀呀？

想想，好像不会。

看电影前阿季还约了淑姐和几个好朋友第二天早晨去走城墙玩呢。还有阿季"生就的笑容"，她从来都是乐观的，也没有理由去自杀呀！

纷纷攘攘的议论和揣测中，突然有个同学记起有一次阿季从化学实验室出来时说："瞧，装砒霜的试管就这样随便插在架上，谁要自杀，偷掉点儿谁也不会知道。"她自己会不会顺手就拿了点儿砒霜去了呢？

又有一个同学补充道，阿季看了一个同学自杀留下的遗书，曾说："都自杀了，还写什么遗书；我要自杀就不写了。"

如此等等。大家越议论越害怕。

大伙儿当机立断，找校工的找校工，找梯子的找梯子，准备让校工登梯——撬窗。校工抬着梯子来到小洋楼前时，门外的喊叫和喧闹都安静下来，众人都很紧张地屏息而待。

可是，就在这时，阿季忽然从梦中惊醒，只听到附近一片沸腾的喧闹声，好像出了什么大事，她立刻紧张起来——是不是失火了？她赶紧掀开帐门，下床开了灯，伸手拉门，却拉不开，门是锁着的，钥匙插在锁眼上。阿季很奇怪，她睡觉前并没有锁门呀，可是门怎么锁住了呢？阿季把钥匙转动了一下，门才拉开。

当阿季睡眼惺忪出现在门口时，围拥在门口的女同学们齐声惊喜地大叫了一声："哦！"

仿佛都非常兴奋和意外。

接着便是七嘴八舌的询问。

一个女同学说："啊呀！你怎么啦？"

阿季看见门外挤满了人，莫名其妙，回答说："我睡了。"

"可你怎么锁了门呀？淑姐没回来呢。"

阿季说："我没锁啊！"

可是，屋里只阿季一个人，她没锁，谁锁的呢？阿季想了一想又说："大概是我糊涂了，顺手把门锁上了。"

"我们都快把门打下来了，你没听见？看看你朋友！都含着两眼泪等着呢！"

阿季的好友和淑姐站在人群里，不在近门处。阿季心想，大概她们是不忍看见自己朋友的遗体。

这时很多人笑起来，舍监也松了一大口气。

过了好一会儿，小洋楼才重新安静下来。当阿季再躺到床上时，她却怎么也睡不着了。她左思右想，不得其解，自己为什么会睡得那样死？她怀疑自己会不会是因为大考考累了。可是，无论小考还是大考，阿季从无压力，也不像别的同学那样"开夜车"，这也是人所共知的呀。

那么，到底是怎么一回事呢？

第二天一早，在走城墙的路上，大伙儿又谈起昨晚的事来。一个绰号"理智化"的好朋友和阿季走在大伙儿的后面，"理智化"在同学中是以冷静、谨慎、持重而闻名。她很奇怪地对阿季说："你昨晚是没有锁门。"

阿季也很奇怪地看着她："你怎么知道的？"

"理智化"告诉她，她也没有看完电影。她从大礼堂出来时，看见月色皎洁，回宿舍就想找阿季去散步。可是，走到阿季的小房间门口，看见门虚掩着，留了一条很宽的门缝，从门缝里可以看见里面没有灯，阿季的帐子已经放下了，想必是睡觉了，就没有叫她。

那么，真像大伙儿所说的那样，那间小屋里真的有"仙"？

半个世纪以后，杨先生回想起这件事来，仍旧不得其解。因为，她回顾自己一辈子，除了那一次，后来无论怎么劳累，再没有睡得那么沉。如果有第二次，这事就好解释了。可是，却没有第二次。

除了那次神奇的"遇仙",在东吴大学,阿季还有一次一辈子都忘不了的小小的得意。

阿季刚进东吴大学时,由于女生少,她这个平常并不怎么擅长体育的人也参加了学校排球队,成了一名很神气的女排队员。

第一次比赛是在东吴大学的操场进行,对手是邻校的女排。主场开战,大群的男同学跟着去助威,摇旗呐喊。阿季站在操场上,开始还有点儿紧张,左右环顾,见球场周围看球的都是她的好朋友,便心神安定了许多。轮到阿季发球,她握紧拳头,用尽力气,扬手一击。全场立刻爆发出一片欢呼声,"拉拉"队跟着叫喊起来,那个球乘着一股子狂喊乱叫的声势,竟威力无穷,"砰"地一下落地不起。阿季稳稳地拿下了一分。当时两个队正打成平局,难分胜负。阿季的这一分不仅大长"战友"们的信心,而且还带着助威者一片热烈的掌声,对方不免气馁,竟由此而败下阵来。

至今,杨先生看到电视荧屏上的排球赛,还会想起自己打过网去的那一个球,忍不住悄悄儿自豪地说:"我也得过一分!"

阿季到东吴大学上学时,"三伯伯"也应聘到东吴大学教日语。1927年,"三伯伯"在苏州女师任教,1929年来到东吴大学。"三伯伯"很喜欢教书,还在女生宿舍要了一间房,每周在学校住几天。每次上课,"三伯伯"总

是夹着一个特大的公文包,还常常披着件黑色大氅。

学生们很奇怪她为什么那么喜欢那件黑色大氅,后来才知道,那是博士衣。也许,"三伯伯"一直遗憾自己没有拿到博士学位,而对博士衣情有独钟吧。

"三伯伯"上课时,严肃、严格。她一上讲台,就全用英语。学生们也必须用英语回答她的问题。有个调皮的男孩吴趋,给她起了个俏皮的英语绰号——比个诺斯大鼻子。因为,"三伯伯"虽然鼻梁上架着深度的眼镜,但每次上课总要拿着一个有柄的放大镜,放大镜的口径足有碗口大。"三伯伯"近视得厉害,必须用这样一个大单照才能看清课文。吴趋个子矮,坐在第一排,一抬头就能从她的放大镜里看见她的大鼻子。"比个诺斯大鼻子"的绰号便由此而来。

这位严格的老师,很受学生们敬重。可是,住校的女学生们却对她很气愤。

也许,是因为在家中孩子们都和"三伯伯"不亲,"三伯伯"就觉得小动物比孩子们更容易亲近。于是,她养了好几只猫和一只小狗。猫和狗合不到一处,"三伯伯"就把小狗放在学校的女生宿舍里。她常常自己回家了,却把小狗锁在屋子里。失去了"自由"的小狗,汪汪狂吠,吵得左邻右舍不得安宁。女生们根本无法在宿舍里复习功课。于是,她们对"三伯伯"不免群情激愤。

寒假前夕,正是准备大考的紧张阶段,"三伯伯"的小狗,常闹得女生们白天晚上都不得安宁。一个大雪纷飞之后的夜晚,"三伯伯"叫也住在学校的阿季带她的小狗出去,给它"把屎"。阿季做事认真,可她实在不知道该怎样给小狗"把屎",只好忍着冻,牵着小狗在雪地里转了两圈。

下了雪之后的夜晚,寒冷、明亮,雪映照着水洗过似的天空,星星眨着眼,清爽干净的冷,令小狗兴奋不已,只想玩,却不肯拉屎。阿季冻得不行,只好牵着小狗回去,实话实说——小狗没拉屎。"三伯伯"很不满意,但忍住没说阿季。

大考结束后,管女生宿舍的舍监,那个美国来的老姑娘,委婉地请阿季转告"三伯伯":宿舍里不便养狗。阿季如实转告,"三伯伯"很恼火,把一腔抱怨全结在阿季身上,却无视舍监温和的警告,依然我行我素——在宿舍里养狗。

可是,寒假后开学不久,"三伯伯"的小狗就给人毒死了。

不久,学校里出了一件意外的事件。本来,这件事和"三伯伯"并不相干,可"三伯伯"却给学校帮了个倒忙。

春天,学校总要组织学生们春游。大学附中的一位美国老师带领一队学生到黑龙潭去玩。黑龙潭风景秀丽,但潭水很深很湍急。而学生们却喜欢下潭游泳。虽然,事先老师千叮咛万嘱咐不准下潭游泳,还是有个胆子很大的学生趁着老师不注意,跳下水去,结果,给卷进了急流。那位美国老师得知后，立即跳下水去相救。开始，老师抓住了溺者，但溺者却死死拽住老师，把老师也给拖下水去。老师猛力地挣脱他，再回身去捞他，在水里沉没了几回，却没有捞到，最后没有力气了，只好挣扎上岸。那个学生就被淹死了。

那位美国老师是个很老实的人，也很有责任感。当他面对学生的尸体和家长时，痛哭流涕，自责没有尽到责任，没有能够舍生忘死，在救学生的一刹那间，他还曾想到自己的妻子儿女。

因为，在场的学生目睹了老师奋力营救溺者的情形，学生和家长们并没有太责怪那位老师，认为老师已经尽了责，即使赔掉性命，也没法救起那个学生。

校方为这事召开了校务会议，商量怎样向淹死的学生家长交代。参与会议的大多是洋人，当时的校方很器重"三伯伯"，也请她参加了。学校当然是想把这件棘手的事很平和地处理。"三伯伯"在会上却义正词严地责怪那位美国老师没有舍命相救。会场一时陷入尴尬之中。那位本来已惶恐自愧的老师，更是坐立不安。

在这些地方，"三伯伯"总是让人感到她不通人情世故。

会后，"三伯伯"思来想去，又觉得自己的指责不大妥当。舍生忘死只能要求自己，不能要求别人；校方是把她当作自己人，才请她参与会议，商量办法，而不是要她去批评那位已然惶愧交加的老师。

"三伯伯"很懊悔,就想请校务会的人吃一顿饭,以示歉意。她在请客的前一天告诉阿季的母亲"明天要备一桌酒",在家中请客,她已约下了客人。

一桌酒席,对阿季的母亲来说是好办的,可是招待客人而且又是外国客人,在家里是不是太简陋了些?母亲本想建议"三伯伯"到外面饭馆去请比较好些,可是又怕"三伯伯"多心,就点头答应了。

阿季家的房屋虽然经过一番修葺,但大厅高大,栋梁间的积尘平日打扫不到,后园也不够整洁。幸亏母亲人缘好,她找到本巷老住户,立即雇来一群年轻力壮的小伙子,只半天工夫便把房子前前后后打扫得干干净净。

第二天,一群洋客人应约来到阿季家。高大的房厅和宽阔的后园,使他们耳目一新。丰盛的中国式饭菜,更使他们大饱口福。那顿饭,始终洋溢着快乐的气氛。临别时,洋客人们向补塘先生夫妇大大地夸赞了阿季一番。回到学校又向阿季大大地夸赞了一番她的父母和她们家的房子、庭院,还有可口的饭菜。

"三伯伯"和校方的关系好像也因此而缓和了许多。

可是,学校里接着又发生了一件事,牵牵绊绊地又连带上"三伯伯"。

东吴大学四年级,有个男生自称"怪物"。他总是别出心裁,有意干些引起众人注目和议论的事。他常常穿上戏里纨绔少爷的花缎袍子，镶边马褂，戴着顶瓜皮帽，跑到街上去挑粪；或者叫洋车夫坐在洋车上，他拉着洋车在闹市招摇。这样的行径，校方自然是很反感的。可是，他却扬扬自得，竟然又招出一个"二怪物"。于是，学校一下子出了两个"怪物"。

"大怪物"和大学的门房交了朋友，常常一块儿拉胡琴唱戏。因为有了门房这个朋友，他就大胆放心地违反校规，经常晚上溜出校门，半夜回校。学校一怒之下就把"大怪物"连同门房一起开除了。

"三伯伯"却对"怪物"很有好感。也许是因为"怪物"很会迎合她，灌了她很多"迷汤"。"三伯伯"和我们大多数人一样，听了别人的吹捧，心里总是舒服而高兴的。所以，她就站出来给"怪物"说好话。在她看来，年轻人胡闹不足怪，如果开除了学籍，就会影响这个学生一辈子的前途。学校却没有接受她的意见。"三伯伯"和学校意见不合，竟然就此辞职了。

就这样，"三伯伯"离开了阿季所在的东吴大学。这也是"三伯伯"和一般人的不同之处吧。

东吴大学，给予阿季的，不光是神奇的"遇仙"和"三伯伯"的小狗。更重要的是，它给了阿季知识和力量，让她懂得了如何选择和放弃。对一个人来说，在长长短短的人生路上，选择和放弃是同样重要的。

第十七章

选择和放弃

阿季高中毕业考入大学的时候,父亲已经到了知天命的年纪。

暑假里,一天下午,阿季和父亲在后园乘凉的时候,门房老赵给阿季送进几封信来。父亲忽然感慨地说:"我年轻的时候也有很多朋友。"

长长短短的岁月,仿佛弹指一挥间。回南的时候,梳着童花头的阿季,现在已是亭亭玉立的大学生了。父亲面对着园中的树木花草,又想起徘徊心头的两句诗,轻声长吟道:

故人笑比中庭树,
一日秋风一日疏。

阿季这才觉得父亲有点儿老了,不像从前那么精力充沛了。虽然,父亲仍常有朋友来往,但总让人觉得他很疲劳,很寂寞,身体也大不如以前。他有高血压,而当时又没有降压灵之类的药。中药呢,父亲又不相信。于是,他常常头昏。

父亲对阿季说："你说一个人有退休的时候吗？我现在想通了，要退就退，不必等哪年哪月。"

其实，这些话父亲是说给自己听的。

他所言"退休"，不过是减少些工作，多一点儿身心愉悦的娱乐。父亲的娱乐很平常，每日黄昏，和朋友漫步街头，买点儿旧书、古董和小玩意儿。

那些旧书，特别是好版本的旧书，常常给父亲许多意外的收获和快乐，于是，他倍加珍爱。他总是想办法把蜷曲的封面和破残的书角补好，叫阿季用白丝线双线重订。父亲爱整洁，双线只许平行，不许交叉，结子也不能露在外面。就像他自己当年做植物标本时那样，一丝不苟。

阿季总是非常认真、仔细地完成父亲的"任务"，深得父亲的赞许。所以，父亲玩腻的小玩意儿，阿季所得最多。阿季常常翻弄着父亲藏在一只红木笔盒里的小玩意儿，笑微微地问父亲："爸爸，这又打入'冷宫'了？给我吧——"

父亲自然只好割爱。

小弟弟很羡慕四姐姐的玩意儿多，就建议"放焰口"，于是弟弟妹妹们各有所得，欢天喜地。

有一次，父亲的高血压又犯了，他只觉得天旋地转，躺在床上不能起来。卧床不起的日子里，父亲自得其乐。让阿季把他买的一套古钱一盒盒搬上床，一边玩赏，一边将古钱的名称一一教与阿季。阿季对古钱不感兴趣，心不在焉地听着父亲的絮絮低语,暗暗思索,怎样才能替父亲省些心力,让他的身体早日复原。

自己长大了,父亲却衰老了。

尽管这样,碰到人生中重大的选择,阿季还是首先要问问父亲的意见。她佩服父亲的学识和智慧,亦非常看重父亲的人格力量。

在东吴大学上了一年之后,得分科。老师们都认为阿季有条件读理科。虽然,父亲认为阿季"喜欢辞章之学",而且阿季和她的同学们相比,读过更多课外文学书籍,有深厚的文学素养。但是,她的数理化成绩也很好。也许,那时的老师们和今天大多数人的看法一样:学会数理化,走遍天下都不怕。于是,老师们建议阿季学理科。

阿季是在优裕而温暖的环境里长大,一帆风顺,世事的艰难并没有在她心里落下多少痕迹。可是,终日浸润在书的海洋里,她的精神世界丰富而广阔。她很认真严肃地考虑了一番,自己"该"学什么?是文还是理?她认为,所谓"该"就是最有益于人的,这样自己就不会白活一辈子。

阿季自认为这个"该"是很夸大的,所以羞于解释。便去问父亲。

父亲说:"没有什么该不该的,最喜欢什么,就学什么。"

阿季很不放心,又问:"只问自己喜欢,对吗?我喜欢文学,就学文学?我爱读小说,就学小说?"

父亲沉吟道:"喜欢就是性之所近,就是自己最相宜的。"

阿季还是不大相信,很担心父亲是在纵容自己。真的可以喜欢什么就学什么吗?她考虑再三,还是觉得父亲的话,对她来说最相宜,所以终究不顾老师们的劝导和惋惜,在文理科之间选择了文科。

当时的东吴大学没有文学系,而比较适合的文科只有法预科和政治系。阿季自然想选读法预科,一方面将来可以做父亲的助手,另一方面当律师可以接触到社会上各式各样的人和事,积累了经验,可以写小说。阿季想得很美。

可是,父亲却竭力反对阿季学法律。

父亲自己早年东渡日本,在早稻田大学专门研习法律,尔后去美国,在宾夕法尼亚大学所获得的亦是法学硕士学位。但是,他当时学法律并不是为了当律师。

父亲年轻时的理想,也许是——以法治国,坚持司法独立,以此来振兴祖国,惩治腐败的官僚。可是,回国后,他却连连碰壁。

他在浙江省任高等审判厅厅长时,有个恶霸,依仗官方的势力,横行乡里,鱼肉乡民,向来不把杀人当回事。他杀了人,往衙门里送些钱就算了事。有一回,他又杀了人,补塘先生秉公断案,重判恶霸死刑。可是,当时的浙江省省长屈映光和与凶犯有裙带关系的督军朱某都袒护凶犯。补塘先生坚持司法独立，死不让步，双方僵持了很久。1915年，袁世凯称帝前夕，屈映光进京晋见，告了补塘先生一状——此人冥顽不灵，难与共事。恰巧袁世凯的机要秘书长是补塘先生北洋大学堂的同窗老友，在袁世凯面前替补塘先生说了许多好话，袁世凯大笔一挥："此是好人。"于是补塘先生就被调到北京去了。补塘先生才没有吃大亏。

可是，那恶霸的死刑却没有执行。他关了一阵子，总统大赦，被减为徒刑，过几年就放了，不了了之。虽然，恶霸没被枪毙，但补塘先生的一身硬气，却在百姓心里留下了至深的印象。很多年后，上海沦陷的"孤岛"时期，屈映光的秘书屈伯刚先生和杨先生同在振华女中（沪校）教书，一次他同杨先生说起补塘先生重判恶霸的事来，屈先生非常敬佩地用一口纯正的苏州话对杨先生说："唔笃老太爷直头硬！嗜，直头硬个。"杨先生回家说给父亲听，父亲微微一笑，却没有向杨先生讲自己如何硬气，只是感慨道："朝里无人莫做官。"很简单的一句老百姓的总结，其中却凝结着补塘先生对民国政府深深的失望。补塘先生去世后，浙江兴业银行行长叶景葵先生在上海，曾将杨先生和她的兄弟姐妹召集在一起，很郑重地向他们讲述了补塘先生秉公断案、判恶霸死刑的事，语重心长地对他们说："他老人家大概不和你们讲吧？我的同乡父老至今感戴他。他老人家的为人,做儿女的应该知道。"此为后话。

也许,补塘先生在重判恶霸死刑而不能顺理成章之时,就对他自己的理想——司法独立和以法惩办腐败官僚,开始有了怀疑。

而交通部总长许世英受贿被捕一案,由于官官相护,贪官许世英并未受到应有的惩罚,执法刚正不阿的补塘先生却遭到停职审查的处分。1922年6月9日,在《申报》的一篇短文《谈法律》中,补塘先生这样写道:

> 中国不论何党派,谈法律皆不能一贯,知民国数年来之内争,非争法律也。不争法律,而欲谈法律以解之,是犹治病者,不知病源而投药。今人论法律,或连篇累牍,要皆药不对病者也。鄙语有之:"隔靴搔蛘,愈搔愈蛘。"

这段话的大意是:中国不论是什么党派,谈法律都不能一贯。我们从民国数年来的内争可以看出,虽然谈论的是法律,但都不是争论法律的实行,而是想通过谈法律来解决问题。这就如同治病,不知得的是什么病而瞎开药。今天的人们议论法律,或者连篇累牍,所开的药方却不符合病者的病。俗话说:"隔靴搔痒,愈搔愈痒。"

辞官回南后,补塘先生兼做律师。但他并不喜欢这个职业,常自嘲说是帮人吵架。因为民事诉讼,十有八九是为争夺财产，即使是婚姻问题，底子里十之八九还是为了财产。父亲不喜欢律师这个职业，自然也不需要阿季当帮手。

于是，阿季改入政治系。由于在融洽而优裕的环境中长大，阿季对政治热情比较平淡，特别是对当时的教科书，她毫无兴趣，功课马马虎虎地对付过去，而把大量的课余时间都消磨在图书馆里。读得越多，她越深切地了解到：最喜欢的学科并非就是最容易的。

阿季上大学三年级的时候，母校振华女中的校长为她申请了美国韦尔斯利女子大学的奖学金。三十年代的社会风尚，和我们今天一样，把留学看得很重，好比宝塔结顶，不出国留学就是功亏一篑。

当阿季把这个消息告诉父母时，父亲和母亲的态度都很平和。父亲说："如果愿意，可以去。"

他们并没有显出特别的兴奋或忧虑。

阿季呢，也不像别的同学，有了这样的机会，冲动而激动。她很犹豫。

补塘先生自己虽曾留学日本和美国，但他对留学却不感兴趣。阿季刚刚念大学时，有一次，补塘先生曾很不在意地对阿季说，他的一位亲友自费送孩子出国留学，全力以赴，供不应求，好比孩子给强徒掳去做了人质，由人勒索，因为做父母的总舍不得孩子在国外穷困。父亲在说这番话时，又摇头慨叹："只有咱们中国的文明，才有'清贫'之称。外国人不懂什么'清贫',认为穷人就是下等人,就是坏人。要赚外国人的钱,得受尽他们的欺侮。"

阿季听了父亲的话,没有发表见解,心中暗想,这也许又是父亲的偏见吧。难道只许有钱的人出国?父亲自己不就是穷留学生吗?但是,她转念再细细一想,觉得父亲所说也有父亲的道理。也许是父亲自己在国外留学时曾饱尝穷苦的滋味,或亲眼看见过那些情况。父亲绝不会无的放矢。孩子留学等于做人质的说法,也从另一方面道出父母竭力供应的苦心。

阿季犹豫再三,最后还是放弃了宝塔结顶。

已经是大学生的阿季,对世事和人生的重大选择,已经有了自己独立的思考:一方面她不忍再给日近衰老的父亲增加负担。更重要的则是,她并不认为留学生就是宝塔尖儿。她系里的老师个个都是留学生,而且都有学位,一个洋学位并没有什么了不起。如果到美国去读政治系(她得继续本大学的课程),还不如在国内较好的大学攻读文学。她牢牢地记着父亲的话——喜欢什么就学什么;喜欢的就是性之所近,就是自己最相宜的。她心里最向往的还是清华大学,如果能去清华大学攻读文学……

于是,阿季告诉父母,她不想出国读政治,只想考清华大学研究生院,攻读文学。

对阿季的这个决定,父母的态度依然是平和的。但是,父亲平和的微笑,于无意中流露出他的赞许。

一年以后,阿季终于考上了清华大学研究生院。

父亲和母亲,还有弟弟妹妹们都特别高兴。

那时,阿季尚不知遥远的清华将会馈赠给她一份珍贵的终生幸福,那是许多少女无缘得到的。

第十八章

清华园和钱锺书

清华大学前身是 1911 年清政府用美国"退还"的"庚子赔款"办的一所留美预备学校。

1925 年起,它逐步改办为大学,1928 年正式改名为清华大学。那时的清华是中国最高学府,也是莘莘学子朝思暮想的渴望和追求的目标。

和京城里的故宫、天坛等名胜古迹一样,清华园亦有着皇家帝王的恢宏,它静静地卧在京城西郊,肃穆而神圣。清华大学的校园占有清华园、近春园的故址,那儿曾是皇太子们成长、读书的地方。清华大学的西门和一片废墟的圆明园遥遥相对。园内,树木茂密,建筑稀疏有致,石子抑或石板铺成的小径,纵横交错。和北国的古都一样,这里亦是凝重的。走进这充满知识的清华园,会让每一个人都忍不住脚步轻轻,流连忘返。

不以时风热闹为是,而以创作和发现为学术根本,是清华园整体的学术氛围。它以锐利深奥的目光和博大宽容的微笑面对每一个来到它身边的年轻的求学者。

钱锺书也是其中之一。

钱锺书先杨绛考入清华。他二十岁的时候,伯母去世了。就在那一年初夏他考上了清华大学,秋季就到北京去上学了。

钱锺书进清华并不一帆风顺,有种种夸大了的传闻。杨绛先生在微笑着叙说钱锺书小时候因数学屡学不会,曾挨过父亲许多次不许哭的打——拧肉时,很幽默地笑他:痛打也许能打得"豁然开通",拧,大约是把窍门拧塞了。她还捎带着补充了一句:"锺书考大学,数学只考了15分。"

而清华园并没有因为这遥遥落后的15分而拒绝他。在那个时代,清华对人的评价亦有自己的客观标准。那便是对一个人的创造力和才能的准确判断,这种判断所依靠的是对学术的忠诚,而不是外在的一些表面形式。

1925年,当清华初设国学研究院时,梁启超向清华校长曹云祥推荐陈寅恪任教授。曹问:陈是哪一国博士?梁答:他不是博士,也不是硕士。曹又问:他有没有著作?梁答:也没有著作。曹说:既不是博士,也没有著作,这就难了。梁说:我梁某也没有博士学位,著作算是等身了,但总共还不如陈先生寥寥数百字有价值。最终清华还是聘请了陈寅恪任教授。

罗家伦校长也和曹云祥一样,以惜才的胸怀和风度,果断录取了钱锺书。这当然是因为钱锺书出类拔萃的国文和英文。

而钱锺书出类拔萃的国文和英文,却和小说有那么点

儿密不可分的关系。补塘先生在他的《小说与教育》短文中,慨叹道:

> 论感化之力,正书不及小说,此言社会教育也;即以学校中之教育言之,小说之力亦至强。西欧学校,自小学起至大学止,凡国文一科,皆以说部为涉猎书。此类书浩如烟海,几取之无尽。……吾国旧学究虽禁学生看小说,然儿童初通文理,多得力于《三国演义》,此可知小说之有益。故教国文者,当仿西欧教法,使儿童多阅小说。

这段话的大意是:论感化的力量,从社会教育方面来看,正书不如小说。从学校的教育来看,小说的感化力也是非常强的。西欧的学校,从小学开始,到大学为止,凡是语文课,都以小说为涉猎书。这一类书浩如烟海,取之不尽。……我国的老学究虽然禁止学生看小说,但是儿童最初对文学感兴趣,多得力于《三国演义》之类的小说,从这些方面可以看出小说对儿童教育的有益之处。所以,教国文的人,应当吸收西欧的教育方法,使儿童多读小说。

补塘先生是一位有着丰富阅历的长者,他是以自己的人生经验做出这样智慧的总结和倡导的。

而钱锺书呢?

钱锺书从蹦蹦跳跳的童年开始,于无意中,一脚踏进这一片浩如烟海的人类的精神领域。他初通文理,正如补塘先生所言,多得力于《三国演义》之类的说部。后来,他怀着极大的兴趣学英语,也和小说分不开。

钱锺书阅读小说的"历史",是从路边的小书摊开始的。那时,他才七八岁,跟着伯父在家读书。伯父自己虽然中过秀才,但并不恪守旧学、摒弃"说部"。他很宽容地任随小锺书在小书摊上神游。

可是,钱锺书十岁时,伯父去世了,这是他生平所遭受的第一次伤心事。那一年春天,钱锺书和堂弟锺韩一同考取了无锡县城里一所四年制小学——东林小学,没有想到就在那一年的秋天,伯父永远地离他而去。

很多年过去后,钱锺书还是念念不忘伯父给他起的名字——哲良。他对夫人杨绛说:"其实我喜欢'哲良',又哲又良——我闭上眼睛,还能看到伯伯给我写在练习簿上的'哲良'……"

伯父的爱深深地浸透在钱锺书的心田里。

伯父去世后,钱锺书的童年生活发生了一点儿曲曲折折的变化。因为伯父的去世,伯母的心情自然不好,很黯淡。人世间的事也是很难预料的,伯父去世后,伯母的娘家也很快地衰败了,败得很快,兄弟先后去世,家里的大货船也逐渐卖光。如老话所说:祸不单行。伯母除掉长房应有的月钱以外,其他费用就全由钱锺书的父亲负担了。

尽管这样,伯母还是没有改掉抽两口大烟的习惯,她早上起得晚,只好让她陪嫁过来的大丫头给钱锺书热些馊粥吃了上学,没有心情和精神来细心照顾他。钱锺书吃的、穿的,都大不如以前了。那时,他的同学和弟弟们都穿上了洋袜子,只有他还穿布袜。他常常觉得自己的脚背上有一条拼缝,又别扭,又刺眼。他一心巴望天冷,因为穿上棉鞋,就可以遮掩不见。下雨天,同学和弟弟们穿胶鞋,他却穿钉鞋,而且是伯父的钉鞋。鞋太大,像两只小船在脚上拖呀拖的,他只好在鞋头塞些纸团。

南方的初夏,阴雨连绵。钱锺书常常扒一碗馊粥,穿着两只大钉鞋,踢踢踏踏上学去。有一次,他雨天上学,淅淅沥沥下了一夜的小雨已渐渐停下来,只剩下蒙蒙的雨丝如雾一般飘飞。泥巴路上汪着一洼一洼的积水,路边的草丛中,许多小青蛙蹦来蹦去。也许已经十岁的钱锺书和伯父一样,到老也扔不掉那一份孩子式的好奇心。这便是杨绛先生笔下的"痴气"。他觉得好玩,就脱了鞋,把捉到的小青蛙放在钉鞋里,光着脚,抱着鞋,一路高高兴兴地上学去。

到了教室,他把盛小青蛙的钉鞋,放在抬板桌下。安安静静的课堂上,小青蛙却憋不住气了,偷偷从钉鞋里钻出来,满地蹦跳。本来就不安分的男孩子们全都忙着看小青蛙,窃窃笑乐。老师气得用教鞭敲打抬板桌,问出事由,钱锺书自然被叫出来,站在黑板前罚站。人是站在那儿了，心却还系在蹦蹦跳跳的小青蛙身上。

还有一次，他上课玩弹弓，用小泥丸弹人。中弹的同学嚷出来，老师又叫他罚站。杨绛先生下笔回想这些久远的快乐时，已是几经风霜的老人。但那些春天般趣味盎然的童年往事，在流逝的人生长河里，永远是慰藉心灵的涟漪。

这样淘气的捣乱，我们成年人若身在其中，也会忍不住，偷偷地乐。何况顽皮的孩子？小时候的钱锺书，显然不是那种把老师的话当圣旨，老师说一是一，说二是二的"好"学生。常常跳跃在他心田里的，也许是小说书里那些上天入地的英雄们。

在外国电影里，我们常常看见高鼻梁、蓝眼睛、黄头发的西洋人用鹅毛笔在白纸上很流利地书写。小时候的钱锺书却别有发明，用毛竹为笔，书写英语。

这也是伯父去世之后的事。伯父去世后，钱锺书的学费、书本费自然由他父亲负担。可是，学期中间常常添买新课本，钱锺书没有钱买，就没有书。他坐在教室后排，因小时候贪看伯父给他在小书摊上租的小字书，看坏了眼睛，看不见老师写在黑板上的字，所以老师讲些什么，他亦茫然无知。练习本也买不起，他就用伯父生前亲手用毛边纸、纸捻子为他钉成的本子，老师看了直皱眉头。

东林小学已开英语课，练习英文书法要用钢笔，钱锺书在开学的时候有一支笔杆，一个钢笔头，可是不久笔尖就断了头。同学都有许多笔尖,可是他只有一个,断了头就没法写了。他急中生智,把毛竹筷削尖了头蘸着墨水写。本子上一团团洇湿的墨水团,像鬼画符。老师简直不愿收他的作业本,皱着眉头对他叹气:真是一个糊涂的孩子。

杨绛先生听他说起这些旧事时,心里也许是和我们读者同样的奇怪。杨先生问他为什么不问父亲要钱,钱锺书先生的回答却是出乎我们常人意料的,没有什么特别的原因,而是他从来没有想到过。有时,伯母也叫他向父亲要钱,他也不说。当然不会是父亲不给,只是他没想到过要。钱锺书先生虽然姓"钱",但从孩提时代起,"钱"在他的生活中就一直是淡漠的。

此时,用毛竹为笔,在皱巴巴的笔记本上费力地涂写英语字母的钱锺书心里在想些什么呢?他所想到的又是些什么呢?

留在他东林小学同学邹文海的记忆里的,却是他的字和他的文章。隔着半个世纪的岁月风云,邹文海先生在《忆钱锺书》一文中,很感慨地告诉我们:那时候他们这些小学生写作文是要用毛笔的。而钱锺书的小楷用墨却非常淡,难得有一个字能规规矩矩地写在方格之中。可是他的作文很出众,先生对他文章的评语常常是"眼大于箕",或"爽若哀梨"。这些仿佛都不是对一个小学生作文的评价。

"眼大于箕"是指目光敏锐,有独到的见解。"箕"是星星的名称,二十八宿之一。"爽若哀梨"呢,则是比喻流畅爽利的文辞。传说汉秣陵人哀仲所种的梨特别清脆爽口,于是古人就很形象地把清新流畅的文章比作哀梨。

邹文海先生还记得小时候的钱锺书还喜欢做些小小的考证,例如巨无霸腰大十围,他认为一围不是人臂的一抱,而是四个手指的一合……

钱锺书先生那时的作文为什么能"眼大于箕"或"爽若哀梨"?

其实,那时候,钱先生的阅读已驰骋于另外一个新的广阔的天地。

这便是林纾老先生翻译的西洋小说。

林纾老先生是一个不识英文的天才翻译家。他的助手把读过的英文故事讲给他听,他再把那个故事用中文转述给我们大家。他是一个自负为"文雅雄"的古文家,他的朋友们称他能用古文来翻译外国小说。所以在林纾老先生的笔下,我们所看到的西洋故事,总是带着浓浓的熟悉的气息。虽然,他的翻译与原来的故事有隔膜,甚至带着几分自己的想象和发挥。但是,他最初翻译的作品,仿佛做媒似的,使国与国之间缔结了"文学因缘",就像钱锺书先生所说:缔结了国与国之间唯一的较少反目、吵嘴、分手挥拳等危险的"因缘"。

对于少年时代的钱锺书来说,林纾老先生的译作就仿佛"牵马",曾使他心荡神驰,得以发现一个新的阅读天地。很少向世人说起自己的钱先生,在《林纾的翻译》一文中,曾向我们袒露他在少年时代的阅读新发现——

……我自己就是读了林译而增加学习外国语文的兴趣的。商务印书馆发行的那两小箱《林译小说丛书》是我十一二岁时的大发现,带领我进了一个新天地,一个在《水浒》《西游记》《聊斋志异》以外另辟的世界。我事先也看过梁启超译的《十五小豪杰》、周桂笙译的侦探小说等,都觉得沉闷乏味。接触了林译,我才知道西洋小说会那么迷人。我把林译哈葛德、迭更司、欧文、司各德、斯威夫特的作品反复不厌地阅览。假如我当时学习英语有什么自己意识到的动机,其中之一就是有一天能痛痛快快地读遍哈葛德以及旁人的探险小说。四十年前,在我故乡那个县城里,小孩子既无野兽片电影可看,又无动物园可逛,只能见到"走江湖"的人耍猴儿把戏或牵着一头疥骆驼卖药。后来孩子们看野兽片、逛动物园所获得的娱乐,我只能向冒险小说里去找寻。

可是,林纾翻译的小说,仿佛遮遮掩掩地蒙着一层面纱,使少年钱锺书常常心存怀疑。特别是那本哈葛德的《三千年艳尸记》。

《三千年艳尸记》第五章的结尾是描写鳄鱼和狮子的搏斗，对一个十一二岁的男孩子来说，没有什么比这更吸引人，更惊心动魄的了。钱锺书第一次读到这一段的时候，紧张得他眼瞪口开，气也不敢透——

> 然狮之后爪已及鳄鱼之颈，如人之脱手套，力拔而出之。少须，狮首俯鳄鱼之身作异声，而鳄鱼亦侧其齿，尚陷入狮股，狮腹为鳄鱼所咬亦几裂。如是战斗，为余平生所未睹者。

他无论如何想不明白：狮子抓住鳄鱼的脖子，决不会整个爪子像陷在烂泥似的，为什么"如人之脱手套"？鳄鱼的牙齿既然"陷入狮股"，从物理和生理上说都不可能去"咬狮腹"。

他是否问过父亲，我们不得而知。他的父亲本来就不赞成他读闲书，想必不会给他一个详细而清楚的解答。也许大人们也不明白一个孩子为什么会在这样细小的情节上苦苦纠缠。

鳄鱼和狮子却在钱锺书的心里盘旋不去，叫他吃睡不安。鳄鱼和狮子的这场恶狠狠的打架怎样了结？谁输谁赢，还是同归于尽？鳄鱼和狮子的死活，比起书中男女主角的悲欢，是他更为关怀的问题。可是书里并没有交代，他真觉得心痒难忍，恨不能知道原文是否照样糊涂了事。

不懂英语的翻译家林纾老先生，无意中把一颗学习西洋文学的种子，播在了钱锺书的心里，并使这颗种子在兴趣的栽培下茂茂盛盛地成长起来。

钱锺书十四岁那年，和堂弟锺韩又一同考上了苏州桃坞中学。桃坞中学是美国圣公会办的教会学校。二十年代初期，中国的教育尚很落后，即便是有钱人家的孩子为了求学，也不得不离开家乡和父母亲人，在没有家人照料的环境中学习，生活方面的条件并不像我们今天这样，被人呵护备至。小小年纪，离开父母和家庭独立求学，仿佛是一件很平常的事情。父母给他准备了行装，又让他带上学费和生活费，他就和堂弟钟韩一同去苏州上学了。

就这样简单，钱锺书和钱锺韩一同踏上了独立求学的长长的道路。

初进桃坞中学，少年钱锺书是否像有的传记中所描述，得过这样或那样的作文奖，引起全校的注目，不得而知。杨绛先生的笔下，没有描述。也许是省略了，也许是不屑回顾。人生无奖，人生的飞扬抑或辉煌，本不只是在别人的注目抑或大奖中。更何况是孩提时代的一个小小的得意呢？也许这些世人念念不忘的荣誉，根本没有在钱先生和杨先生的心里留下丝丝缕缕的痕迹。

不过，上了中学后，钱锺书的英语成绩很快就后来者居上，能够十分自如地看原著，其最初的动力则来自林译小说丛书。当他开始能读原文，总先找林纾先生译过的小说来读，后来他的阅读能力增进了，就不再也不屑再看林译的小说了。林译小说丛书便成为他生命里累积的前尘旧蜕的一部分了。

当然，钱锺书出类拔萃的国文和英文，并不仅仅得力于小说，和他的父亲钱基博老先生一丝不苟的严格教育亦是分不开的。

第十九章

诗礼传家

离开家的求学生活,仿佛过得特别快。

在桃坞中学,半年的学习生活一晃就过去了。转眼就到了雪花飘飞的寒假。那一年寒假,钱锺书的父亲因已到清华大学任教,没有回家。钱锺书寒假回到家里,没有严父管束,更是快活。他借了大量的杂志,如《小说世界》《红玫瑰》《紫罗兰》等等,随心所欲地浏览。

《小说世界》《红玫瑰》和《紫罗兰》在当时都是消遣读物。但现实社会生活的五光十色、点点滴滴,却折射其中,繁华而喧闹。和哈葛德的《三千年艳尸记》等西洋探险小说相比,这些刊物则和身边的生活更贴近。林林总总,它们把都市喧嚣的变化和人性顽固的一脉相承,碎片般地推到读者面前。

恣意阅读的快乐是用不着下功夫苦思冥想,或者不想读却要硬着头皮往下读。可以随手拿起,亦可随手放下,仿佛是很随意的散步,遇到绿树遮阴的小树林,便可徜徉其中;若是碰巧走进沙石堆里,便可扭头弃之而去。

和七八岁的时候在小书摊上贪看小说书一样,已上中学的钱锺书,读书还是跟着喜好走。很俗气的书,他也喜欢读。读到开心处，便哈哈大笑。戏曲里的插科打诨，他也喜欢看，不仅看，而且常常一边看一边笑，还模仿戏曲里的人物表演一番，笑成一团。《红玫瑰》和《紫罗兰》，还有《小说世界》什么的，也许就像小时候，伯父哄他酱猪舌之类的是"龙肝凤髓"，他读这些"龙肝凤髓"，亦是其味无穷。

暑假他父亲归途遇阻，到天津改乘轮船，辗转回家，假期已过了一半。父亲不在的暑假里，他和寒假一样，仍漫无边际地在"吃"他的"龙肝凤髓"。当风尘仆仆的父亲站在他面前时，他的一颗心不免提了起来。《红玫瑰》和《紫罗兰》什么的便随风而去。

钱锺书的父亲钱基博先生和他的伯父不大相同。

钱基博先生比他的长兄年轻十多岁，当他的长兄在家经管家务时，他已在外教书。长兄比他多几分散淡和悠闲。而他却是个一丝不苟的古文家，一辈子倾心国学研究。为人为事，和《围城》中的方鸿渐的父亲——方遯翁有那么几分相像。比如，他教育儿女要知书达理，安贫乐道。在日常生活中，哪怕是很细小的地方都要注重"气节"二字。当杨绛和钱锺书在沦陷的上海时，钱老先生给杨绛去信，要他们"安贫乐道"。这些地方都很像方遯翁。这样一位处世立言整个儿沉浸在中国传统文化中的老学者，自然是希望儿子走研究国学的道路。对儿子的教育，更是一丝不苟的严格。

父亲回到家后,第一件事就是命钱锺书和钱锺韩各做一篇文章。作文,对钱锺书来说,并不是一件难事。可是,堂弟锺韩的作文颇得父亲赞赏,而钱锺书的作文,在父亲看来不仅不文不白,而且用字庸俗。

也许是平日里书看得太多太杂,当他提起笔来时,《小说世界》等杂志里的种种词句和思想蜂拥而至,就像万花筒里摇晃的一堆碎片,五颜六色,绚丽灿烂。但这些碎片,在他父亲的眼里,便是不能容忍的庸俗。

父亲一怒之下,把他给揍了一顿。

正是夏天很热的傍晚,家人都在院子里乘凉。挨了揍的钱锺书一个人独自待在大厅里,又痛又羞又委屈,呜呜大哭。

小时候,钱锺书听伯父说过,父亲小时候原是由一位族兄启蒙的。那位族兄严厉得很,为了念书的事,父亲不知挨过族兄多少顿痛打。还是伯父心疼自己的弟弟,求了祖父,让两个弟弟都由他来教,父亲从此才免了再挨打。但是挨了族兄痛打的父亲却一点儿也不抱怨,反而别有领会。他曾告诉钱锺书:"不知怎么的,有一天忽然给打得豁然开通了。"

父亲的这一顿打虽然没有起到"豁然开通"的作用,却给钱锺书留下了终生难忘的记忆。

跳出《小说月报》《红玫瑰》与《紫罗兰》等等在父亲看来是闲书、杂书的小说和杂志,十六岁的钱锺书一下子就沉浸在《古文辞类纂》《骈体文钞》《十八家诗钞》等厚重的古诗文集中。在《谈艺录》中，钱先生曾这样回忆自己：

> 余十六岁与从弟锺韩自苏州一美国教会中学返家度暑假，先君适自北京归，命同为文课，乃得知《古文辞类纂》《骈体文钞》《十八家诗钞》等书。绝鲜解会，而乔作娱赏；追思自笑，殆如牛浦郎之念唐诗。

这段话的大意是：我十六岁时和堂弟锺韩一同从苏州一所美国人办的教会学校回家过暑假，正赶上我父亲从北京回来，命我们俩一起作文，从那时才得知《古文辞类纂》《骈体文钞》《十八家诗钞》等书。我很难读懂理解，却装作很欣赏；现在回想起来，当时读这些古诗文集，就像《儒林外史》中的牛浦郎念唐诗一样。

《古文辞类纂》，共七十四卷，清姚鼐编。

《骈体文钞》，共三十一卷，清李兆洛编。

《十八家诗钞》，共二十八卷，清曾国藩编。

一篇篇古文，一首首诗，需要熟读，需要背诵，需要领会。这既要死功夫，又要活功夫。钱先生自语"绝鲜领会""殆如牛浦郎之念唐诗"，那也许是当时的景况，更可能是钱先生不无幽默的调侃。

读这些书，和随意浏览西洋冒险小说和反映同时代社会的诸多杂志不同,需要心智的宁静,摒弃尘世喧哗的浮躁。父亲的苛责把钱锺书带进东方古典文化的广阔之中。而阅读之后,这些书所带给他的感触和快乐,则是他曾经飞快浏览过的"龙肝凤髓"所不能相比的。他所花费的精力和时间自然也是不可同日而语的。钱锺书先生"亲炙古人"的阅读方法,也许就是从这时开始的。

今天,我们这个时代,十四五岁的少年们,很少有人有兴趣并且有精力来研读古书。今天的风气是学琴、学画、学唱,图的是走捷径,找饭碗,一切都是为了暂时的实用,或脆而不坚的时髦与轰动。所以钱锺书先生当年在十六岁时所读的这些书,也许今天的同学们连听说都没有听说过,更不用说去读了。

台湾的著名学者南怀瑾先生在他的《论语别裁》中曾告诫我们:诗礼传家。其中讲了这样一个小故事——

> 孔子的学生陈亢,对孔子常存怀疑。有一天,子禽(陈亢的名)拉着孔子的儿子伯鱼,问他说,我们的老师就是你的父亲,他另外有什么秘诀传给你吧?对你有什么与我们不同的教育没有?伯鱼说,没有。但是有一件事可以告诉你,有一天我父亲一个人站在那里,我回来,匆匆走过大厅,他看见了叫我过去,问我近来读什么书。有没有研究诗的学问。我对父亲说还没有,父亲就告诫我,如果不学诗就无法讲话。

因此我开始学诗了。又有一天我碰到父亲,他问我学礼了没有。我说没有,我父亲就说,一个人不学礼,不懂文化的基本精神,怎么站得起来做人?……

"诗礼传家",钱基博先生对钱锺书的教育就是从这里开始的。

1927年,桃坞中学停办了。钱锺书和堂弟锺韩一同考入美国圣公会办的无锡辅仁中学。因在无锡读书,他便经常由父亲管教。

也许,是因为读了《古文辞类纂》《骈体文钞》《十八家诗钞》这些厚重的古书,他也学会了写典雅而凝练的文言文。父亲开始让他代笔写信,由口授而代写。

钱基博老先生,不仅授业著述一丝不苟,即使是平常写信,哪怕随手的客套信,他亦保持着这种一贯的作风,典雅、凝练,绝不拖泥带水地反反复复。钱老先生在让钱锺书代笔写信的时候,也把自己的严谨,传授给了他。

婚后,杨绛先生常见钱锺书写客套信从不起草,提笔就写,八行笺上,几次抬头,写来恰好八行,一行不多,一行不少。也许,杨绛先生和我们大家一样,奇怪钱先生何以次次写客套信都能这样"规格标准"统一。钱先生对杨先生说,那都是他父亲训练出来的,他额角上为此挨了不少"爆栗子"呢。

若是他下笔稍不留神,"锦上添花",多写了几句题外之话，在一旁督看的父亲就会拧着眉，抬手在他的额角上敲一下，让"爆栗子"来提醒他。

这些细小地方的严格培养和训练，无疑会使一个正在成长中的少年受益终生，那便是治学立言一丝不苟的严谨。

下笔写信，流畅亦如行云流水时，父亲开始让钱锺书代写文章。为父亲代写文章，也是他在无锡辅仁中学读书时的事。

第一次为父亲代笔而得到父亲称赞的是一篇墓志铭。

一次，一个乡下大户要钱基博先生写一篇墓志铭，钱老先生就把这件事交给了钱锺书。短短的一篇墓志铭对此时的钱锺书来说，是一件很轻松的事。并且，文辞繁富、对偶巧妙的骈体，也是钱锺书的拿手好戏。于是他很快便完成了。

午饭时，钱锺书的姆妈（即奶妈）给钱老先生端菜时，听见他正对钱锺书的母亲称赞那篇文章，高兴得了不得，立刻跑去报告钱锺书。当时，钱锺书正在伯母的房间里吃饭。姆妈顾不得许多礼节，当着伯母的面，就大声地夸赞起来："阿大呀，爹爹称赞你呢！说你文章做得好！"

这是钱锺书第一次听到父亲的称赞。以至进入古稀之年，他仍清清楚楚地记得父亲的这次称赞。从这件小事，我们可以看出钱老先生对爱子要求之严，爱之深藏。即使是在平常的一言一行中，他也不轻易流露出对儿子的赞赏。

自钱锺书为父亲代笔写墓志铭之后,当商务印书馆要出版钱穆先生的一本书时,父亲便让钱锺书代写序言。

钱穆先生是钱锺书的本家长辈,亦是钱基博老先生的好朋友,也是一位严谨的学者。但他并非科班出身,用我们今天的话来说即自学成才。他是小学毕业,在苏州中学教书时,写成《先秦诸子系年》,被顾颉刚先生偶然看到,遂推荐他到北大教书。当时商务印书馆要出他的那本书是《国学概论》。父亲把这篇序文交由钱锺书代笔时,不知心里是否还存有几分顾虑。毕竟那时的钱锺书还是个少年,文字中会不会让人看出稚气的破绽?

钱锺书如何慎重下笔,杨绛先生没有叙述,只是说:"据锺书告诉我,那是他代写的,一字没动。"

一字没动!若钱老先生不满意的话,是绝不会一字不动的。可见钱锺书在少年时代就有了深厚的国学功底。

这时的钱锺书已不复挨打,而是父亲的得意儿子了。

所以,当钱锺书的国文考卷和英文考卷平摊在罗家伦校长面前时,罗家伦校长看到的不只是钱锺书的出类拔萃,更重要的还有他学识的渊博和深厚。而钱锺书学识的渊博与深厚则得益于父亲钱基博老先生一丝不苟的教育。

钱锺书先生和杨绛先生在对钱老先生充满感情的回忆中,点点滴滴,平实而亲切,却从不炫耀钱老先生的学识渊博与根底深厚。但是,这种渊博和深厚,还是跃然于我们眼前。只有有深厚根底的人，才会像他那样，在动荡变幻不定的社会生活中，依然谆谆教导自己的爱子潜心研读我们民族源远流长的传统古典文化，游泳于博大的国学之海。他给钱锺书所推荐的这些书，为钱锺书以后几十年的漫长的研究生涯，奠定了最厚实的古诗文基础。

　　清华大学微笑地面对年轻的钱锺书，而钱锺书进校不久便成了清华的骄傲。

第二十章

翩翩不翩翩

1932年的春天,阿季在清华园里初识钱锺书。那时,对阿季来说,钱锺书已是三年级的"老大哥"了。在许多新生的眼里,钱锺书不免带着几分神奇的色彩。新生们一进校,就会听到有关钱锺书的种种传闻,就像钱锺书的老同学郑朝宗先生所赞叹的那样——他的名气真大。大家都知道他是外文系的尖子,许多老师都对他另眼相待,老师们从不把他当弟子,而常常和他探讨学问。他读书之多,中英文根底之雄厚,令大多数同学望尘莫及,确实远远超过一般文科学生。

而"名气真大"的钱锺书,并非像新生们抑或我们今天的人们所想象的那样西装革履,意气飞扬,年少翩翩,而是宛如苏东坡的诗句——万人如海一身藏。朴素、平常的布大褂、布底鞋,还有老式黑边大眼镜,和普通的大学生没什么两样。

也许,这样的少年,坐在阳光和煦的图书馆里,整日伏案埋头在厚厚的线装古书中,倒是很相称的。

图书馆和不为大多数文科生所热心关怀的线装古书,的确都是钱锺书的好朋友。钱锺书到清华园后,藏书丰富若海洋的图书馆，使他大为兴奋。他最大的心愿就是——横扫清华图书馆。他经常从早到晚沉浸在图书馆中。

有一天，已近黄昏，图书馆中的学生已陆陆续续收拾起书包，起身结束整整一下午的苦读和学习。学生渐渐走光了，空寂的图书馆中，只有一盏台灯还亮着。铜座绿色灯罩的台灯前，端坐着一个鼻梁上架着老式大眼镜的少年，他的目光还是一直沉浸在书中一行行细小的方块字中。椅子边靠着一根文明棍，也就是我们今天所说的拐杖。这位凝神看书的少年就是钱锺书。

钱锺书读书，总是"忘乎所以"，将整个世界置于脑后。哪怕天崩地裂，只要他的书桌尚安然无恙，他就不会在意，继续安心地在书中云游。整个图书馆里的同学都走光了，他却并没有发觉。

这时，来清华参观的胡适先生走进了图书馆。也许是因为偌大个图书馆，只有孤灯一盏，灯下的少年便一下子就吸引了胡适先生的视线。胡适先生很有兴趣地走了过去。钱锺书既不认识胡适先生，也没有发觉有人走到他身边，仍旧埋头书中。

胡适先生随手翻开摊在书边的笔记本，又看了看堆在一旁的书，发现有些书页的空白处涂满了长长短短的批语。他翻看了一会儿，灯下的学生却还沉浸在书中，没有抬起头来。真是难得有这样看书看进书里面去的学生，胡适先生忍不住打量起眼前的这个学生。他猛地看见靠在这个学生椅子边的文明棍,就顺手拿了起来,开玩笑地说"绅士气派嘛",意在引起这个钻进书中去的少年的注意。

钱锺书这才很茫然地从书中抬起头来。

胡适先生向他自我介绍道:

"在下胡适之,尊姓——?"

胡适先生的大名,钱锺书当然是早已久仰。但是,他没有想到被人们视为学界宗师的胡适先生竟是一个很随和的人,待人亲切,一点儿架子也没有。一向不喜欢交际的钱锺书,很意外亦很高兴地推开书,和胡适先生聊起天来。

他们聊了好一会儿,从学业情况聊到学术见解。分手的时候,胡适先生把文明棍还给钱锺书,拍着他的肩头,笑道:"看来你们这一代人比我们这一代人强。我们这一代人都是土派,你们是洋派的。"

胡适先生对钱锺书的器重,就是从图书馆开始的。而钱锺书学识的博大和深厚,确确实实是和书分不开的。

在《谈艺录》中,钱锺书先生曾这样描写他入大学后的读书方法:

> 及入大学,专习西方语文。尚多暇日,许敦宿好。妄企亲炙古人,不由师授。择总别集有名家笺释者讨索之,天社两注,亦与其列。以注对质本文,若听讼之两造然;时复检阅所引书,验其是非。欲从而

体察属词比事之惨淡经营，资吾操觚自运之助。渐悟宗派判分，体裁别异，甚且言语悬殊，封疆阻绝，而诗眼文心，往往莫逆冥契。至于作者之身世交游，相形抑末，余力旁用及而已。

要做到亲炙古人，不由师授，那就只有只身走进去，摸索、研究，囊括古今，细大不捐。年轻的钱锺书给自己找了一条艰难的登高之路。他"择总别集有名家笺释者讨索之"，"以注对质本文""时复检阅所引书，验其是非"，这种由一丝引起万绪的读书方法，其读书量当是不可想象的惊人。而渐悟宗派判分，体裁别异，言语悬殊，封疆阻绝，诗眼文心，莫逆冥契，这更是他经过分析、判断、消化、吸收，变成自己庞大学问的过程与聪明。

钱锺书就是这样亲炙古人，不由师授。也许，只有不是经过二传手的师授，而是亲炙，学问才能更渊博，更坚实，更深刻。

周振甫先生把钱锺书的这种读书方法很简洁地比喻为：老吏断案。就是用法官断案的眼光，把作者和注者看作两造，看注释是否符合作者的情意，就像老吏断案一样来判断。通过纠正注的疏失与不足，找出诗用词的来历，进而探索作者诗句中所表达的情意，结合他所表达的情意和用词造句来探索他的表达方法，再运用到自己的创作中去。通过这样的研究，懂得作者怎样形成各个流派，具有怎样的风格，从而探索到作者的诗眼文心。

蜻蜓点水般地飞快浏览，和老吏断案一样地细细研读，当然不能相比。但在师兄师弟眼中，智慧过人的钱锺书，却愿花费别人所没有的耐心和时间，浸润在我们源远流长的民族传统文化中，发掘宝藏。

其实读书与做学问同样严谨的钱锺书，也不是我们想象中的那样，整日正襟枯坐在图书馆，之乎者也地严肃。读书归读书，但即便是在读书中，他也保持着儿时的"痴气"和"淘气"。时不时，他就会给他的同学们一个意外的惊喜，使单调的学习生活增添几许乐趣。

和他同班同学的饶余威，三十多年后，提笔回想钱锺书时，心里仍存几分惊疑。饶余威先生很感慨地说，在同学中他们受钱锺书的影响最大。钱锺书不仅中文好、英文好，对哲学和心理学也有独到的见解。钱锺书是他们同学中读书最多的人，终日博览群书。最令人奇怪的是他上课从不做笔记，只带一本和课堂无关的闲书，一边听课，一边看自己的书，考试却总是第一。钱锺书自己喜欢读书，也常常鼓励别人读书。但他有一个怪癖，看书的时候总是随手在自己喜欢的好句子下面画上又黑又粗的横线，仿佛是一条条大大的惊叹号。他还喜欢在书旁写下他的评，就像后来他的散文集《写在人生边上》所说："世界上还有一种人，他们觉得看书的目的，并不是为了写批评或介绍。他们有一种业余消遣者的随便和从容，他们不慌不忙地浏览。每到有什么意见,他们随手在书边的空白上注几个字,写一个问号或叹号,像中国旧书上的眉批,外国书里的……"饶余威先生说,清华藏书中的画线和评语大都是出自钱锺书之手笔。

钱锺书上课并非不带笔记本,杨绛先生接着饶余威先生的回忆笑道,钱先生告诉她,他上课也带笔记本,只是不做笔记,却在本子上乱画。

乱画些什么呢?是些很"痴气"的杰作吗?留在大家印象里最深的便是曾在同学中颇为流传的"许眼变化图",说起"许眼变化图",还有一段凝结着友谊的小故事。

钱锺书有一个同学许振德,他们不仅同系而且同班。许振德和钱锺书的关系开始并不好,因为钱锺书夺去了许君在班里的第一名。同样年少气盛的许振德曾想揍钱锺书一顿,给自己出口气。有一次,他遇到一个不能解决的问题,而钱锺书却很耐心地向他讲解,并不计较许君平时对自己不友好的态度。许君由此而心生感动,两人便成了朋友,上课时常常同坐在最后一排。班里有一个女同学颇得许君好感,于是,许君上课时目光常常落在那个女同学身上。钱锺书呢,看在眼里,乐在心里。顺手拿起笔,飞快地在笔记本上画了一系列"许眼变化图"。钱锺书的速描杰作——许眼变化图,很得意地在同学中颇为流传。连许君自己看了,也忍不住哈哈大笑。

虽然"许眼变化图"画的只是一双眼睛的变化,想必其神韵却活灵活现。是不是如同《围城》中的孙小姐给汪太太的速描——红嘴唇、红指甲。就这么两点儿红，整个儿一个汪太太的形象便跃然纸上。红嘴唇、红指甲，既画出了汪太太的娇媚，也画出了孙小姐心中的妒忌。"许眼变化图"呢？想象中，钱先生大概画的只是眼白和眼球。镶在眼白中的黑眼球，向上向下，向左向右，急急匆匆地来回变化。于是，许君的"爱慕"之情便跃然其中，而钱先生快乐的"嘲笑"也蕴含其中。

人生是有许多可悲的方面。懂得悲观的人，是对生活有感受、产生疑问的人。但是，人活着，就本能地要活得更好，更有意义，更快乐，悲观也不完全可取。在清华时的钱锺书先生，在咀嚼那些沾满灰尘的线装古书中，常常感受到人生的悲哀和我们民族的悲哀。但是，在现实生活中，就像画"许眼变化图"一样，他总是能在这些细小的地方，体验人生的乐趣，给他周围的同学和朋友增添幽默而明朗的快乐。

所以，衣着马虎朴素的钱锺书在大伙儿的眼里依旧是年少翩翩，很有风度。

后来，阿季在巴黎留学时，和一个男同学议论起钱锺书究竟"翩翩"不"翩翩"。那位游学海外的"天之骄子"，比钱锺书的小说《围城》中的那位"哲学家"褚慎明还更夸张些，对钱锺书在清华的名气和在男女同学心目中的风度，不免心怀几分酸意。一天，他和阿季一块儿乘火车从巴黎郊外进城。悠闲的旅途中,他忽然从口袋里掏出一张纸,纸上列着少女选择丈夫的种种条件,如相貌、年龄、学问、品性、家世等等共十七八项,逼阿季一一批分数,再排列出先后。阿季知道他正在恋爱,也认识他的女朋友,所以能够顺着他的心意,小心翼翼地应付过去。阿季的回答,他倒是满意。但是,他接着气呼呼地问阿季说:"她们说钱锺书'年少翩翩',你倒说说他'翩翩'不'翩翩'?"

阿季笑而不答。

那位男同学却坚持着要阿季回答,也许是因为他心里很不服气钱锺书的翩翩风度。

很多年后,杨先生回忆起这件小事,善解人意地写道:"我应该厚道些,老实告诉他,我初识钱锺书的时候,他穿一件青布大褂,一双毛布底鞋,戴一副老式大眼镜,一点也不'翩翩'。"

可是,当时阿季瞧出那位男同学觉得她一定会和他站在同一个立场上,就忍不住淘气地对他说:

"我当然觉得他最'翩翩'!"

第二十一章
清华的骄傲

在清华时,钱锺书除了徜徉在书海中的——读,还有则是——写。

经常把自己零零星星的读书感受写在书边空白处的钱锺书,当然不会仅仅满足于徜徉在书海中的——读。

读书使人渊博,而写作使人精细。

从1932年春,他在清华园和阿季相识,至1933年他和阿季订婚,短短的一年间,从他笔下流淌出许许多多清新而锐利的文字,仿佛滚滚江河,一泻千里而不可收。

是不是阿季的爱,激发了他写作的热情,抑或因为有了相知的爱,思维变得格外清爽、敏锐,不得而知。

这一年里,钱锺书接连在《清华周刊》《新月月刊》上发表了十几篇长长短短的书评或论文,比如:《小说琐征》《为什么人要穿衣》《一种哲学的纲要》《大卫·休谟》《中国新文学的源流》《休谟的哲学》《鬼话连篇》《英译千家诗》《美的生理学》《约德的自传》《落日颂》《旁观者》《上家大人论骈文流变书》《近代散文诗钞》《中国文学小史序论》《论俗气》等等。其涉笔范围之宽广,令人目不暇给。

钱锺书所写的虽多是理论性文章，但却毫不艰深枯燥，更不像我们今天所读到的一些文艺理论文章，好似板着面孔，传道授业，仿佛越玄，越多时髦的名词，文章就越高深、越权威。读者可就受罪了，差不多和不爱做作业的小学生一样，若无老师的强制，是绝不愿意坐在那儿受洋罪的。

读钱先生的理论文章，是一种快乐的享受。这就好像身在一场激烈的辩论中，辩手们个个机敏、锋利，你得全神贯注，否则稍不留心，便会"轻舟已过万重山"，把你远远地给抛在了身后。有时它又像围炉而坐的冬日夜晚，窗外月白霜清，寒风呼啸，屋内有温暖的炉火，温暖的灯光。书中飘逸着远隔重洋的哲学家们的目光，抑或远古智者的温和笑容。钱先生却好像在和你拉家常，用家常之手来理论，用我们日常生活中最常见的比喻，化解了东方与西方、远古与近代、哲学与文学种种理论的深奥。

比如，当时钱先生很关注诗人曹葆华的诗作，他比许多评论家更加敏感地注意到了曹的诗作中带有某种神秘主义成分，而神秘主义的色彩，在中国诗作中一向是比较缺乏的。怎样才能清晰而简洁地让一般读者明白神秘主义的本质呢？钱先生在评曹作《落日颂》一文中这样写道：

> 神秘主义需要多年的性灵的滋养和潜修；不能东涂西抹，浪抛心力了，要改变拜伦式的怨天尤人的态

度,要和宇宙及人生言归于好,要向东方和西方的包含着苍老的智慧的圣书里,银色的和墨色的,惝恍着Rabbi的精灵的魔术里,找取通入宇宙神秘处的护照,直到——直到从最微末的花瓣里,窥见了天国,最纤小的沙粒里看出了世界,一刹那中悟彻了永生。

这一段话的最后两句,是出自布莱克《天真的预兆》一诗中的第一节:"一粒沙里一世界,一朵花里一天国。无限在你掌心收留,永恒在须臾把握。"

布莱克是一个从小就喜欢幻想的英国诗人。他常常一个人独自漫步,让思绪从所见所闻中飞散开来。他的诗大多都沉浸在神秘的气息中。

而钱锺书先生,则很形象生动地给我们表述了布莱克的神秘气息,他有他自己对神秘气息的感悟。

钱锺书接二连三的文章,不光是引起他的学兄学弟们的注目,同时也引起教授们的相当重视,他们对他另眼相看,不把他当弟子而当作顾问,这当然不是"空穴来风",也并不仅仅因为他考试总是第一名。

在清华众多的教授中,有许许多多真诚的理想主义者,吴宓先生就是其中之一。

吴宓先生曾给学生们开设了一门题为"文学与人生"的课程。他在教案上列出这门课的目标,其中第一条是:把我自己的——我的所读所闻,我的所思所感,我的直接和人生经验中——最好的东西给予学生。

"最好的东西",也许,其中也包括他自己的严肃的学术精神和人格的力量。

在长长一段时间,"国学"一词在我们的生活中颇为陌生而遥远。于是,国学大师王国维、陈寅恪们便被淹没在重重的岁月中,他们坚忍不拔的精神寻觅,他们凄清的人生际遇,均不为人们所知。吴宓,就是他们中的一员。

而这位真诚的理想主义者——吴宓先生,也曾是钱锺书的老师。虽然,他开设的这门"文学与人生"课是在钱锺书毕业之后。钱锺书在清华就读时,吴宓先生是清华大学外文系的教授。他很器重钱锺书。可是在许多学生眼中,吴先生是一个性格不免有几分古怪的人,他的身上充满着种种矛盾。

当时清华外文系另一位很著名的教授温源宁先生,在一篇短文里,给吴宓先生"画"了一幅很逼真的肖像,形容他脑袋形如炸弹,里面装着火药,好像随时都会爆炸。大概是因为他一言一行都以圣人为榜样,眼睛里容不得一丁点儿世俗的沙子,疾恶如仇,所以,常人习以为常的事,都不免让他火冒三丈,大发雷霆。而他的学生郑朝宗很多年后回想起他的这位老师来,也很形象地形容他——貌古身瘦,颇似堂吉诃德。当时还是学生的郑先生,和这位性格古怪却随和的老师关系挺亲密。他常常到吴先生的住处去。吴先生没有家眷,和他住在一起的是一个普通工友。那位工友也姓吴，认识不少字，常替吴先生抄稿。郑先生常常在吴先生的大厅里，听见吴先生在屋子里训斥那位也姓吴的工友，怪他办事不细心，态度很粗暴。可是，那位工友却从不在背后埋怨吴先生，反而常常对吴先生的学生们说吴先生如何善良，对他如何之好，这几天又如何心绪不宁，等等。所以，在郑先生和他的同学们的眼里，吴先生和他的工友，就像堂吉诃德和他的仆人桑丘。

可是，这位真诚的理想主义者吴宓先生一生的坎坷却难以一言道尽。在当时，他就为许多人不理解或误解。吴宓先生自幼出洋留学，回国时正值新文化运动风起云涌，他却与梅光迪、胡先辅等人合办起《学衡》杂志，和新文化运动唱反调。而且，他是一个很有性格的人，又喜欢抬杠，特别是喜欢和社会知名学者抬杠，比如胡适，比如鲁迅。他还反对白话文，为文言文唱赞歌，结果自然被人们视为保守派——一个新派的保守派。

然而，正是他主编的《学衡》最早向中国读者有系统地介绍了西洋文学的著译和资料，如《世界文学史》《希腊文学史》《但丁神曲通论》《英诗浅释》《韦拉里说诗中的韵律之功用》《西洋文学精要书目》等等。而这些书又全是出自他的译笔。他的学问，足以令人生畏。许多新派学人也是从他的译著中得到不少启蒙知识。在哈佛留学时，他是"新人文主义"文艺批评运动领袖白璧德的弟子。回到清华，他也是最著名的教授之一。在当时清华外文系，他以最精通中外文学而深受学生的欢迎。他也算是中国比较文学的鼻祖吧。

吴宓先生喜欢有才能的人，即便是以学问论人，也绝不势利或论资排辈。对待学生，他从不以师长自居。所以，学生们都十分喜欢这位真诚的教授，常和他聊天谈心。

一天，吴宓先生在清华园的藤影荷声馆里和几位青年学生促膝谈心，兴趣正浓时，吴先生忽发感慨："自古人才难得，出类拔萃、卓尔不群的人才尤其不易得。当今文史方面的杰出人才，在老一辈中要推陈寅恪先生，在年轻一辈人中要推钱锺书，他们都是人中之龙，其余如你我，不过尔尔。"

几位青年学生非常惊讶，吴先生虽然从不以名学者自居，可这回竟屈尊到把自己和二十几岁的大学生等量齐观，实在是出人意料的。我们也可从中看出吴先生对钱锺书发自心底的赞赏。

当年的钱锺书犹如一匹黑马，令学术界和文学界刮目相待。虽然，钱锺书学识的渊博和精深，主要是得力于他个人的天资和勤奋，但和清华的教授们亦是无法分开的。他的教授们都不把他当作自己的弟子，而是当作自己的顾问。然而，教授们所营造出的一种严肃而活跃的学术气氛，还有他们的人格的力量，给予钱锺书的影响都是非常巨大的。比如貌古身瘦的吴宓先生。1937年，钱锺书在

写到当时颇受非议的吴宓先生时,这样说:

> 我这一代的中国青年学生从他那儿受益良多。他最先强调了"文学的延续",倡导欲包括我国"旧"文学于其视界之内的比较文学研究。十五年前,中国的实际批评家中只有他一人具备对欧洲文学史的"对照"的学识。……

"人中之龙"钱锺书,是清华教授们的骄傲,也是清华的骄傲。

当然,那时的钱锺书也是阿季的骄傲。

第二十二章

敏锐的洞察力

读书是快乐的,仿佛随手推开一扇窗,无意间看到许多与你的生活遥远而陌生的画面:在大雪封门的冬夜,陆游躺在冷硬的木板床上,辗转难眠,等待着铁马冰河入梦来;月白风清,苏东坡和朋友乘一叶小舟,飘逸江中,吟诗畅饮,击舷而歌;秋风萧萧的黄昏里,李清照独自倚门叹息"人比黄花瘦"……已逝的时刻,曾被遗忘的生命,像火车飞驰而过的车窗外是一片绵延遥遥无止境的风景:绿树、田野、村庄,接踵扑面而来。

然而,比较和判断,则是困难的。能够指出一本书的失败和成功,抑或哪一部分是它的优点,哪一部分是它的缺点,则必须得有非凡的想象力、洞察力和学识不可。

年轻的钱锺书和一般大学生不同,并不是仅仅为读书而读书。他读书不是为着给文学下注脚,也不是为了要熟识那些有名的人物,而仿佛只是为了刷新和磨炼自己的创造力。

1932年的秋末冬初,钱锺书在《新月》月刊第四卷第四期上,发表了一篇关于《中国新文学的源流》的书评。这篇书评给读者留下了异常深刻的印象。

《中国新文学的源流》，周作人著。

隔着将近半个世纪的岁月风尘，对我们新一代读者来说，周作人的名字不免陌生。因为，曾经附敌的耻辱过往，使他的名字和文章，在长长的一段时间被湮没在尘封的角落里。最近几年里，周作人的文才逐渐再一次被介绍给读者，亦有他的传记问世，但大多数人与他仍不免隔膜，对他不大了解。

周作人是鲁迅先生的弟弟。虽然在五四新文化运动时期，他也是著名的学者和才子，但是，他的思想和经历却十分复杂，和鲁迅先生大相径庭。在日本侵略军践踏我们的国土时，他曾很耻辱地给日本人做过事，因此晚节不保。被历史久久地遗忘，自然和他个人的所为是分不开的。但仅就一个学者和文化人来说，他对中国的文学事业，是有很大贡献的。对他这样的作家，我们应从了解历史的角度，多少对他有几分了解和认识。

1917年，中国历史几经挣扎，终于走出辛亥革命失败的低谷，新文化运动在北京勃然而兴。这时，周作人从家乡绍兴小城来到了古都北京。此时古老的北京正沉浸在新旧文化的撞击之中，各地新思潮在这里风起云涌。五四新文化运动是中国历史上最为光辉灿烂的一瞬间，而这一瞬间也照亮了周作人的青春。

1917年9月，周作人正式受聘于北京大学，担任的课程是欧洲文学史。在大约一年的光阴里，他都是非常忙碌的,他和哥哥鲁迅合作完成了三部书稿:《希腊文学史要略》《罗马文学》《欧洲文学史》。这三部书稿作为"北京大学丛书之三",由商务印书馆出版。

1918年2月,周作人第一次用白话文翻译了古希腊谛阿克列多思的牧歌第十,以《古诗今译》为题发表在《新青年》第四卷第二号上。他因此首先以杰出的翻译家身份出现在五四文坛上。4月,周作人在北京大学文科研究所小说组作了题为《日本近三十年小说之发达》的讲演。至1919年12月,他共翻译了二十一部小说,后集为《点滴》一书出版。其中俄国作家契诃夫的《可爱的人》、库普林的《晚间的来客》、安特莱夫的《齿痛》,波兰作家显克微之的《酋长》等等在五四时期都产生了很大的影响。

此外,在1918年和1919年这两年里,他还发表了三篇重要论文:《人的文学》《论黑幕》《平民文学》。这三篇论文都发表在新文化运动的著名刊物《新青年》和《每周评论》上。文章一发表就轰动了当时的文坛。周作人虽然是一个性格温和的人,但此时他所写的文章亦年少气盛,锋芒毕露。在《人的文学》一文里,他相当激烈地批判和否定了"非人的文学",在他开列的书单上,《西游记》《聊斋志异》《水浒》等等均赫然在目。(钱锺书则和他有很大的不同)而他的《论黑幕》等文章,对黑幕小说和鸳鸯蝴蝶派小说都作了十分尖锐的批评。

因此在五四时期，周作人在青年学生中享有很高的威信，亦是一位重要的精神导师。

1932年，年近知天命的周作人，经历了兄弟反目、痛失爱女、左翼青年作家的攻击和批评等曲折坎坷之后，心境亦有很大改变。此时的周作人已走过了生命中最为辉煌的时期，处于尚未能扫除种种不快和打击的阴影里，因而对世事和学问的看法，也处在自我反省之中。也就是这一年二月至四月，周作人应沈兼士之约，在辅仁大学作了八次学术讲演，经记录整理后，汇成《中国新文学的源流》一书。

在此书的小引里，周作人缓慢而平淡地说："我不是研究中国文学史的，这只是临时随便说的闲话。"而他自己的文学观则"是从说书来的"，他自嘲地解说道：

> 他们说三国什么时候，必定先喝道：且说天下大势，合久必分，分久必合。我觉得这是一句很精彩的格言。我从这上边建设起我的议论来，说没有根基也是没有根基，若说是有，那也就是很有根基的了。

其实，周作人显然是想在这本书里探索新旧文化之间的契合点，让读者重新认识五四新文化运动。在他看来：中国文学在过去所走的并不是一条直路，而是像一条弯曲的河流，从甲处流到乙处，又从乙处流到甲处，遇到一次反抗，其方向即起一次转变，但又始终有两种对立的力量："诗言志"的"言志派"与"文以载道"的"载道派"相互起伏……而明末公安派的袁氏三兄弟袁宗道、袁宏道、袁中道是言志派倾向的典型代表。反抗沉闷压抑的儒家正统观念的五四文学革命则直接继承了公安派的余绪。

周作人毕竟是著名学者。他的这部书稿一经问世，立刻引起学术界的重视。

《中国新文学的源流》刚刚出版不久，十一月，钱锺书就发表了批评文章《评〈中国新文学的源流〉》。虽然，文章的开端也写了几句赞美的话，但紧接着笔锋一转，不断尖锐地指出概念混乱的地方和事实上的错误，字里行间都袒露着咄咄逼人的气势和独到的见解与思路。

郑朝宗先生曾经回忆说，年轻时的他读着钱锺书的这篇文章，一方面感到著书立说之不易，应力求谨慎；另一方面又觉得鞭子虽不打在自己的身上，自己仍如芒刺在背，异常难堪。

面对权威，钱锺书的文字我行我素，无所顾忌。清新而深沉的见解从他笔下蜂拥而出。在丝丝缕缕的分析中，他的机锋所指，主要是针对周作人把"言志"和"载道"文学划分开来的做法。他认为"言志"和"载道"之间确实存在着区别，但两个模式的兴替，并非单单与政治形势形成对比。在书评中，他指出：

"文"以载道的"文"字,通常只是指"古文"或"散文"而言,并不是用来涵盖一切近世所谓"文学"……"道"这个东西,是有客观的存在的;而"诗"呢?便不同了。诗本来是"古文"之余事,品类(genre)较低,目的仅在乎于发表主观感情——"言志",没有"文"那样大的使命。所以我们对于客观的"道"只能"载",而对于主观的感情便"诗者持也"地把它"持"(control)起来。这两种态度的分歧,在我看来,不无片面的真理,而且它们在传统的文学批评上,原是并行不悖的,无所谓两"派"。所以许多讲"载道"的文人,做起诗来,往往"抒写性灵",与他们平时的"文境"决然不同,就由于这个道理。……

和五四新文化运动时期年轻气盛的周作人不同,钱锺书此时虽然比当时的周作人还年轻十来岁,但他对于中国的文学传统却抱着十分宽容的态度。在这篇书评的结论部分,他很沉重地写道:

周作人引鲁迅"从革命文学到遵命文学"一句话,而谓一切"载道"的文学都是遵命的。此说大可斟酌。研究文学史的人,都能知道在一个"抒写性灵"的文学运动里面,往往所抒写的"性灵"固定成为单一的模型（patter）；并且，进一步说，所以要"革"人家的"命"，就因为人家不肯"遵"自己的"命"。"革命尚未成功"，仍须继续革命；等到革命成功了，便要人家遵命。这不仅文学上为然，一切社会上政治上的革命，亦何独不然。所以，我常说，革命在事实上的成功，便是革命在理论上的失败。

这仿佛不是出自一个血气方刚的青年之手，而是一个睿智的老人饱经沧桑之后的喟叹。

这一年，钱锺书才二十二岁。

当钱锺书接二连三地在报刊上发表文学批评及哲学与文化的论文和随笔时，阿季也开始了在清华园的笔耕。阿季的兴趣，和她生就的笑容一样，更关注的是人的细微的情感和世态炎凉，她的写作和钱锺书先生不一样，最初是从散文和小说开始的。

第二十三章
伯乐朱自清

阿季心仪小说。

报考大学时,她就藏着点儿"私心"——为写小说做准备。后来,面临种种选择时,她也总是牵牵绊绊地和想写小说的"私心"分不开:大学文理分科时,她选择了文科,是想为日后写小说打下知识基础;在政治和法律两个文科专业之间,她选择了法律,是想日后做律师时能为写小说积累人生经验。在父亲的劝导下,她最终还是放弃了法律专业;大学三年级时,她得到一个去美国继续研习政治的留学机会,但放弃了,转而选择了留在国内争取考上清华攻读文学。

心仪小说,也许是因为她曾在浩如烟海的小说中,随心所欲地观赏世态人心而乐以忘言。在杨先生看来,每一本书——不论小说、戏剧、传记、游记、日记,以至散文诗词,都别有天地,别有日月星辰,而且还有生存其间的人物。

而书的世界则是真正的天涯若比邻,和读者没有阻隔。小说呢,则是众多种类的书中最容易亲近人生和读者的。所以,阿季很想把自己对世态人心的观察,诉诸笔端,实验一番。

考进清华大学研究院外文系后,阿季选修了中文系朱自清教授的"散文习作"课。散文不同于小说,却和小说相近,亦可在长长短短的文字中,很随意地抒发一己的人生感悟。

朱自清先生的散文,很美,亦很忧伤。他笔下的大自然,仿佛能够让人触摸到跳跃的阳光,悠远清淡的风,还有流淌着晚露的荷塘月色。而骨肉亲情,一篇短短的《背影》,让几代人细细咀嚼,仍抹不去那留在心上的无声的啜泣。由朱先生来开设"散文习作"课,对学生来说,自然是很有吸引力的。

朱先生的"散文习作"课,和我们今天大学里的写作课有所不同。我们今天大学里的写作课,往往是从理论到理论,教给你的是理论上应该如何写。古人曰:文章千古事,得失寸心知。得与失,不同的人感受是不同的,而这个"知"是没有具体的条条框框。朱先生的课,一开始便让学生们动手——写。

阿季交上来的第一篇课卷是《收脚印》。

收脚印?

脚印儿怎么收?我们每一个人在或长或短的生命中,都会在弯弯曲曲的人生路上留下数不清的脚印。而每一个或深或浅的脚印里,都藏着些秘密——也许闪烁着五颜六色的人生梦想,也许荡漾着树荫深处相恋至深的笑声,也许凝结着冷夜中孤独沮丧的眼泪……生命就在这一连串的脚印儿中渐渐消失。

阿季笔下的《收脚印》,是一个正值青春年华的女孩儿对生命的思考,带着几分幽远的神秘色彩,一落笔便把我们带进一个摇曳着哲学思辨的梦境般的画面中——

听说人死了,魂灵儿得把生前的脚印,都给收回去。为了这句话,不知流过多少冷汗。半夜梦醒,想到有鬼在窗外徘徊,汗毛都站起来。其实有什么可怕呢?怕一个孤独的幽魂?

假如收脚印,像拣鞋底那样,一只只拣了,放在口袋里,掮着回去,那么,匆忙地赶完工作,鬼魂就会离开人间。不过,怕不是那样容易。

每当夕阳西下,黄昏星闪闪发亮的时候;西山一抹浅绛,渐渐晕成橘红,晕成淡黄,晕成浅湖色……风是凉了,地上的影儿也淡了。幽僻处,树下,墙阴,影儿绰绰的,这就是鬼魂收脚印的时候了。

守着一颗颗星,先后睁开倦眼。看一弯淡月,浸透黄昏,流散着水银的光。听着草里虫声,凄凉的叫破了夜的岑寂。人静了,远近的窗里,闪着一星星灯火——于是,乘着晚风,悠悠荡荡在横的、直的、曲折的道路上,徘徊着,徘徊着,从错杂的脚印中,辨认着自己的遗迹。

这小径，曾和谁谈笑着并肩来往过？草还是一样的软，树阴还是幽深的遮盖着，也许树根小砖下，还压着往日襟边的残花。轻笑低语，难道还在草里回绕着么？弯下腰，凑上耳朵——只听得草虫声声的叫，露珠在月光下冷冷地闪烁，风是这样的冷。飘摇不定的转上小桥，淡月一梳，在水里瑟瑟地抖。水草懒懒地歇在岸旁，水底的星影像失眠的眼睛，无精打采地闭上又张开。树影阴森的倒映水面，只有一两只水虫的跳跃，点破水面，静静的晃荡出一两个圆纹。

层层叠叠的脚印，刻画着多少不同的心情。可是捉不住的已往，比星、比月亮都远，只能在水底见到些儿模糊的倒影，好像是很近很近的，可是又这样远啊！

远处飞来几声笑语。一抬头，那边窗里灯光下，晃荡着人影，啊！就这黯淡的几缕光线，隔绝着两个世界么？避着灯光，随着晚风，飘荡着移过重重脚印，风吹草动，沙沙地响，疑是自己的脚声，站定了细细一听，才凄惶地惊悟到自己不会再有脚声了。惆怅地回身四看，周围是夜的黑影，浓淡的黑影。风是冷的，星是冷的，月亮也是冷的，虫声更震抖着凄凉的调子。现在是暗夜里伶仃的孤魂，在衰草冷露间搜集往日的脚印。凄惶啊！惆怅啊！光亮的地方，是闪烁着人生的幻梦么？

灯灭了，人更静了。悄悄地滑过窗下，偷眼看看床，换了位置么？桌上的陈设，变了么？照相架里有自己的影儿么？没有……到处都没有自己的份儿了。就是朋友心里的印象，也淡到快要不可辨认了罢？端详着月光下安静的睡脸，守着，守着……希望她梦里记起自己，叫唤一声。

星儿稀了，月儿斜了。晨曦里，孤寂的幽灵带着他所收集的脚印，幽幽地消失了去。

第二天黄昏后，第三天黄昏后，一夜夜，一夜夜：朦胧的月夜，繁星的夜，雨丝风片的夜，乌云乱叠、狂风怒吼的夜……那没声的脚步，一次次涂抹着生前的脚印。直到那足迹渐渐模糊，渐渐黯淡、消失。于是在晨光未上的一个清早，风带着露水的潮润，在渴睡着的草丛落叶间，低低催唤。这时候，我们这幽魂，已经抹下了末几个脚印，停在路口，撇下他末一次的回顾。远近纵横的大路小路上，还有留剩的脚印么？还有依恋不舍的什么吗？这种依恋的心境，已经没有归着。以前为了留恋着的脚印，夜夜在星月下彷徨，现在只剩下无可流连的空虚，无所归着的忆念。记起的只是一点儿忆念。忆念着的什么，已经轻烟一般地消散了。悄悄长叹一声，好，脚印收完了，上阎王处注册罢。

朱自清先生批阅阿季这篇课卷时,不禁含笑称许。他将阿季这篇课卷推荐给《大公报·文艺副刊》。不久,文章便刊出了。这是阿季发表的第一篇散文。

这一年,阿季也是二十二岁。

1934年秋,阿季开始动笔写小说。这篇小说也是朱自清先生布置的习作作业。阿季"私心"写小说的念头,终于付诸行动。阿季写的是她所熟悉的人和事,一个女大学生的三角恋爱故事:

路路是个南方小姐,独自一人在北京的一所大学里求学。她有两个男朋友——小王和汤宓。小王是她的大学同学,比她高两班,是学政治的,父亲是个大官,家里很有钱。并且,小王已经毕业,有了一个好工作,前途很光明。小王,人很和气,没脾气,处处迁就路路。可是,小王个子矮,看上去不够气概。和苗条、挺拔的路路走在一起,"娘带儿子似的"。汤宓呢,是路路表姐的同学,学化学的,家里穷,且性格暴躁。当路路对他使小性子时,他很少迁就她。但当路路生病时,汤宓则又对她体贴入微。汤宓比小王有性格,人也比小王长得气概。

路路左思量右思量,觉得自己似乎更喜欢汤宓一些。但她仍举棋不定。经过许多琐琐碎碎的小曲折后,路路决定还是和汤宓好。她便找了个借口——回南，征求父母同意。小王被冷落一边，而汤宓则满怀希望地静候佳音。

路路的父亲也是个官，母亲自然是个官太太。她母亲很满意自己有个官太太的命，还找人给路路算了个命，说女儿也是当官太太的命。对汤宓，母亲当然不满意，嫌他家里穷，而学化学的人又一辈子不能当官。路路呢，是个官家小姐，吃惯用惯好的，怎能受得了那份穷？父亲的见解仿佛很开明：路路如果看清楚了喜欢谁，他并不反对，只要不是糊里糊涂地着了迷，分不清好歹。

父亲开明的见解里含着骨头、含着刺。

路路在父母的劝导下，心里渐渐清醒，越想越觉得自己糊涂，她怎么会选择汤宓？相比之下，还是小王好。嫁给小王将来的日子一定会很舒服、随心。

于是，她答应父母，以后一定远着点儿汤宓。

冒着寒冷，路路不远千里赶回学校。汤宓满心欢喜地来接——她和她带来的佳音。不料，他接到的却是路路冷冷淡淡的拒绝——请不要再来看我。汤宓勉强回答一句——祝你幸福，便转身离开了她。

路路回到自己的房间，看见桌上的信堆里赫然有小王的笔迹，微笑着拆开了信，不料却是——小王和他表妹订婚的请柬。

小王订婚了，汤宓离她而去。一刹那间，路路落入无边无际的空虚中。可就在这时,路路一眼又瞟见一封美国来信。哇!她的免费学额申请成功了,她就要去美国留学了。到了美国,她一定还会碰到小王和汤宓那样的翩翩少年。路路平常喜欢瞪眼睛,表姐曾说过她:"少瞪眼吧!将来出了洋,把那群留学生都瞪糊涂了,把你当奶油点心吞下肚去!"

于是,路路嘴角往上一掀,又笑了。

阿季很幽默地含着微讽的笑,给这篇小说冠名以《路路,不用愁!》,和散文《收脚印》一样,它亦深得朱自清先生的赞赏。阿季透过细心敏锐的观察,直看到当时路路小姐们心底的真相,很宽厚地抉扬出她们的可笑和可悲。读者呢,在会心一笑的阅读中亦有所启迪。

为了鼓励阿季继续写,朱自清先生代阿季将这篇小说再一次投给了《大公报·文艺副刊》。当时《大公报·文艺副刊》的主编也很欣赏阿季的文笔和才气,很快便刊出了。

这是阿季的第一篇小说。

后来,林徽因又将阿季的这篇小说选入《大公报文艺丛刊小说选》,改名为《璐璐,不用愁!》,小说中主人翁的名字,自然也就改为"璐璐"。

在当时,林徽因已是很有影响的女作家。而阿季这篇出自一个年轻女大学生之手的小说,很清新,使她过目难忘。1949年，杨先生回清华任教，那时朱自清先生已经去世。杨先生在清华园里第一次见到林徽因先生时，林先生还记着杨先生写于十四年前的小说——《璐璐，不用愁！》，杨先生深感意外。她在和林先生的娓娓交谈中，朱自清先生的音容笑貌，也跃然眼前。

1981年，香港文学研究社出版了杨先生的短篇小说集《倒影集》。1993年，中国社会科学出版社出版了杨先生的三卷作品集《杨绛作品集》，其中都收入了《璐璐，不用愁！》，而杨先生特地在这篇小说后注明其写作、发表的经过，以表达对老师和前辈的感谢和怀念。

第二十四章
"江南才子"家

1933年,阿季和钱锺书订婚了。

他们是如何从相识到相爱,杨先生在她的杂写和杂忆里,淡淡地省略了,那是一片只属于她和钱先生两个人的感情天地。杨先生只是很简单地告诉我们,她考上清华时,父亲和母亲都非常高兴。和钱锺书订婚后,母亲常常取笑她:"阿季脚上拴着月下老人的红线呢,所以心心念念只想考清华。"

阿季和钱锺书订婚,虽然毫无曲折,但形式上不免有点儿旧瓶装新酒。在我们今天,两个人谈恋爱,或者处对象,双方同心同意,恋爱的关系就算是确定了。可是,二十世纪三十年代,即使男女双方是自由恋爱,也要遵循古老的形式,在结婚前多一道订婚礼。阿季和钱锺书读的是清华大学,研习的是西洋文学,精神上海阔天空,但在形式上,仍旧颠颠倒倒地遵循古老的风俗——父母之命,媒妁之言。

阿季想起自己的订婚,心里就不免感到滑稽。她和钱锺书明明是他们自己在清华园认识的,而钱锺书也明明是她介绍给自己的父亲的,父亲非常赏识钱锺书,这不就可以"肯定"他们两人之间的关系了吗?但补塘先生和钱基博先生都不愿省略订婚的礼节。钱基博老先生带着钱锺书,很郑重地来阿季家拜见补塘先生,算是正式求亲。尔后,两家在苏州的一家饭馆,设宴款待双方的至亲好友。这便是订婚礼。在热热闹闹的酒席中,男女分席。阿季的眼前晃动着爸爸妈妈的笑脸和亲朋好友的祝贺,觥筹交错,很茫然地全不记得婚是怎么"订"的,只知道从此她便是钱锺书的"未婚妻"了。

女儿订婚,是父母生活中一件很重大的事。婚姻之船,系着女儿一辈子的幸福。阿季的母亲念念不忘月下老人手中的红线,想必心里是非常感激月下老人手中的红线儿,很高兴阿季能找到最合适的人生伴侣。

补塘先生呢,比妻子更加赏识钱锺书。也许,他常常从钱锺书身上看到自己年轻时的影子,心性相投。当然,钱锺书和补塘先生年轻时的作为大不相同,补塘先生漂洋过海,求学报国,满腔热忱。但他的作为和事业,同时局政治往往总是分不开的。钱锺书呢,则埋头涩重的国学研究中,离政治远一些。但有很多地方,他们却是相通的——补塘先生是"励志会"的激进派,而钱锺书做学问也很激进,锋芒毕露。比如,他对《中国新文学的源流》的批评。补塘先生喜欢读一个字儿一个字儿的书,后来,他发现钱锺书也喜欢读一个字儿一个字儿的书,大乐。虽然,他读的是音韵学,而钱锺书读的是字典。还有,他们都同样的博学，所以，聊起天来特别投机。在整理《老圃遗文辑》时，钱先生和杨先生都已年过七旬。面对旧报纸上小而模糊的字迹，他们颇费功夫地翻书查对。而补塘先生熟读经史，又通晓多种外语，下笔时常常引经据典，他们查一个字往往要转弯抹角，从一本书查到另一本书。有一次，他们翻遍全书，也找不到所引的原文，杨先生有点儿怀疑，说："准是爸爸随笔写来，引用错了。"钱先生却很自信地说："爸爸决不引错。"后来，引言果然在逸文中找到。钱先生看到稿子里有感兴趣的篇章，常神往地说："我能和爸爸相对议论，该多有趣。"而补塘先生在世时，也常夸奖钱锺书"爱妻敬丈人"。和钱锺书相对议论，也是他晚年生活中的一大乐事。

补塘先生夫妇都很喜欢钱锺书。他们看重的是钱锺书的人品和才学。婚姻，是一个人的终身大事，而相爱，则是可遇而不可求的。不是每一个人都可以遇到心性相投的人生伴侣。

抗战胜利前夕，补塘先生去世前，曾把妹妹阿必托付给阿季，提及恋爱婚姻大事，补塘先生顿了一下，很郑重地对阿季说："至于结婚——，如果没有好的，宁可不嫁。"

也许，补塘先生的叮嘱，并非仅仅针对阿必，而是他对婚姻的一个看法。

钱锺书先生的父亲钱基博老先生，对阿季也是相当满意的。阿季和钱锺书订婚前后，两人自然是经常"鸿雁传书"。钱基博老先生曾擅自拆看了阿季给钱锺书的信，大为赞赏，直接就给阿季写了一封信，很郑重地把钱锺书托付给阿季。

阿季在给钱锺书的信里写了些什么？不得而知。想必是幽默而又充满智慧。否则，严谨、深沉，还带着几分刻板的钱老先生是不会欣然将自己的得意之子托付给她的。

给"安徐堂"题过匾额的张謇先生，曾经称许补塘先生为"江南才子"。那时，阿季还小，还不知道张謇是怎样一个人，他和父亲又是怎样的关系。她只是从二姑母的口中听说过这陌生的名字，和他对父亲的夸赞——江南才子。当她和钱锺书相恋后，钱锺书曾给她看过张謇给钱基博先生的信，张謇在信中亦称钱基博先生为——江南才子。

也许，张謇是因为自己年轻时接连考了几次进士都没有考中，对"才子"之美称情有独钟。所以，他就对自己心仪赞赏的人以"才子"之美称相赠。补塘先生和钱基博先生都是他心仪赞赏的人，而两位老先生又都是江苏无锡人，故都以"江南才子"相赠。

阿季却不禁怀疑，"江南才子"是否是敷衍送人的；或者自己特别有缘，从一个"才子"家到又一个"才子"家！

第二十五章
匆忙中的婚礼

阿季在清华读研究生时,虽然学有心得,又非常快乐,但却十分想家。

她离家去北京求学时,家中的境况已有很大的变化。1930年,她十七岁的大弟弟,肺病转脑膜炎,不幸去世。二姐阿同去世时,她父母都还年轻,却已难以承受那份失去爱女的悲伤,母亲为此还哭坏了眼睛。大弟弟去世时,父亲和母亲都已年迄半百,白发人送黑发人的悲伤是不难想见的。之后,两位长住在阿季家的性格怪僻的姑姑——二姑母和"三伯伯"先后搬入她们自己的住宅。小弟弟考取了上海同济大学,也离开了家。大姐、三姐呢,几年前都已出嫁。家中只剩下父亲、母亲和两个妹妹。

过去,一大家人蓬蓬勃勃的热闹,因此而日渐冷清。

身在北京的阿季,心里非常牵挂父亲和母亲,也非常想念两个见到她不知如何亲热才好的妹妹。每学期一俟放假,她便步履匆匆地往家赶,全然不顾旅途的漫长和疲惫。

阿季向往着全家人聚集在一起吃饭的快乐,那是她心情最轻松愉快的时候。

第一个暑假回去热热闹闹地团聚之后,当她和父亲在书房里相对而坐的时候,父亲对她说:"阿季,爸爸新近闹了个笑话。"

父亲的语调透着点儿苍凉的慨叹,不像是笑话。

阿季的心往下沉了一沉,迷茫地看着父亲。

父亲告诉她,有一次他出庭忽然说不出话了。全院静静地等待着,好半天,他还是张不开口,只好请求延期开庭。

这不就是小小的中风吗?

阿季只觉得口角抽搐,心难受得缩成一团,脸上的笑容也扭曲了,像小时候受了委屈将哭未哭的模样,忙用两手捂住脸,话也说不出口,只怕一出声,眼泪就会滚滚而下。她心中暗自庆幸放弃了美国奖学金,没有出国。

"没关系的,我现在不是已经好了吗?"

父亲笑着安慰阿季,回身搬出几本大字典,一一翻开给阿季看。

那些大字典有印地语、缅甸语、印尼语,父亲很有兴趣地辨别着那些文字,大约是想把邻近民族的文字和我国文字——尤其是少数民族文字相比较。他微笑着对阿季说,他都能认字了。这表示自己的病已经完全好了。

阿季忧伤地望着父亲,回答他:"学这些字顶费脑筋。"

父亲摇头含笑:"一点儿也不费心。"

背着父亲,母亲对阿季说:"其实他自己觉得不费心,费了心他自己也不知道。"

语气里不无担忧。

过去,父亲忙的时候,状子多,书记来不及抄写,父亲就叫阿季抄。父亲不管做什么事总是非常认真,一丝不苟。对儿女,他也是这样要求。他要求阿季抄状子时得用工楷录写,而且不许抄错一个字。

阿季不免心上紧张,愈紧张,错字就愈多,只好想办法补救,还得巧妙得让父亲看不出来。阿季把写错了字的纸摘下不整不齐的一星星,背后再贴上不整不齐的一小块,猛地一看,好像是状纸的毛病。

可是,就这样仔细也依然没有逃过父亲的眼睛。而且,有些错字是阿季自己没有发现,父亲却一眼就给挑了出来。他忍不住发怒,指责阿季做事不认真。

阿季一急,眼泪跟着就下来了。

这也是先发制人吧。父亲看见阿季的眼泪,就不好再责备她。阿季的眼泪对严厉的父亲来说,是一种软化剂。

有一次,阿季索性罢工——不抄了。

父亲问她为什么。

阿季回答:"爸爸要'火冒'(无锡话'发怒')的。"

父亲依旧不肯放宽要求:"谁让你抄错?"

阿季也依旧不肯让步:"没法儿不错。"

父亲沉吟一会儿,想出个办法,笑道:"你交了卷就躲到后园去吧。"

阿季交了卷,总是在后园躲好一会儿才回屋,小心翼翼地"偷看"父亲的脸色。父亲的脸上虽余怒未消,但他见阿季那副做贼心虚的模样,绷紧的脸忍不住松弛下来——笑了。

阿季这才放了心,又哭又笑。

父亲自那次出庭不能开口之后,就结束了他的律师事务。但是,他手中还有一个案子未了,就让阿季代笔写个状子。阿季根据父亲口述的大意,几经思考,写成了稿子。拿给父亲看时,她心上仍不免紧张,准备面对父亲的"火冒"。可是,父亲看了几遍,一句话也没说,只动笔改了几个字,就交给书记去抄写。

阿季很高兴。

这是她唯一次做了父亲的帮手。

暑假一过,她又回清华去了。

1933年,钱锺书从清华大学外文系毕业了。当时,他的父亲钱基博先生在上海光华大学任中文系主任。钱老先生身体不太好,便想让儿子回到自己身边。这年8月,钱锺书到光华大学外文系任教。1935年春,他参加了教育部第三届庚子赔款公费留学资格考试,名列榜首,准备赴英留学。

其实,再伟大的学者也有很普通的弱点。钱锺书读书做学问,悟性极高,敏锐而锋利,但是在日常生活中他却是个鼓哈哈，什么都是马马虎虎的，不大会料理自己。离开父母和家庭的照顾，烦琐的日常生活小事，常常使他感到很茫然，而茫然中便又常常显露出他的"痴气"。小时候，他总分辨不出左和右，穿鞋子也就左右不分。好在那时候，他穿的是姆妈给他做的土布鞋，不分左右也就罢了。可是，后来他和堂弟锺韩一块儿去苏州上中学时，穿上了皮鞋，却仍然不分左右，于是常常闹笑话。还有更可笑的，那就是他穿内衣或套脖毛衣，往往前后颠倒。衣服套在脖子上，只顾前后掉转，结果还是前后颠倒……

一个人漂洋过海，游学他乡，谁能保证他能够很好地料理自己的生活呢？

阿季放心不下。

所以，当阿季接到钱锺书的信，得知他已考取庚子赔款留学资格的消息时，她断然决定不等毕业，提前结婚，伴钱锺书一同出国留学。

那时，清华研究院各系毕业生都可以送出国留学，只有外语系例外，毕业也不得出国。阿季即将毕业，只有一门功课需要大考，她和老师商量后用论文代替，不等学期结束，就提前一个月回家去了。

因为决定仓促，阿季来不及写信通知家里，就带着箱子和行李，匆匆登上了回南的火车。

火车到苏州时刚过正午。因为等着取行李，阿季到家已是下午三点左右了。她把箱子和行李扔在门口，飞一般冲进父亲屋里,想给父亲一个意外的惊喜。

父亲呢,则好像已经知道她要回来,正在等她,"哦!"了一声,掀开帐子下了床,笑道:"可不是来了!"

阿季很奇怪。父亲怎么知道她要回来?她不免有点儿丈二和尚摸不着头脑。

父亲笑微微地向她解释,他午睡时刚合眼,就忽然觉得阿季到家了。他听听没有声息,以为阿季在母亲房间里呢,就急急地走过去,探身一望,房间里静悄悄的,寂无一人。他心里又想阿季大概是因为怕扰了自己的午睡,躲到母亲做活儿的房间里去了,和母亲说悄悄话呢。父亲巴巴地想早一点儿见到阿季,就跑到母亲做活儿的房间里,只见母亲一人在做活,并没有阿季的身影。父亲问母亲:"阿季呢?"母亲抬头莞尔:"哪来的阿季?"父亲却还是坚持着问:"她不是回来了吗?"母亲摇头:"这会子还没放假,怎么会回来?"父亲只得又回屋午睡,可是躺在床上,翻来覆去,就是睡不着。

望着热汗淋淋的阿季,父亲得意地笑道:"看来,真有心血来潮这回事。"

阿季笑说知道父亲想她,一下火车,心就已经飞回家来了。

父亲感慨道:"曾母啮指,曾子心痛,我现在是相信了。"想想又补充道,"阿季,这就是第六感,有科学根据的。"

阿季告知父母她这次回家的缘由，父亲和母亲都毫不犹豫地赞同她的决定，并为她高兴。

补塘先生和一般渐入老境的父亲不一样。

阿季刚刚考入大学时，高血压已经开始吞噬补塘先生的健康，伴随而来的是寂寞和孤独的感觉。可是，他沉迷在自己的工作中，很爽朗地把疾病带给他的种种不愉快的感觉轻轻抚去。父亲对阿季的爱是至深的，但他并不像一般父亲那样，把儿女牢牢地拴在自己的身畔，以慰藉晚年的萧瑟。他有他自己的生活园地，阿季也有阿季的一片天空。他还像年轻时一般豪爽，在任何时候给予女儿的都是一片温暖的阳光。

于是，在1935年夏季最热的一天里，阿季和钱锺书喜结良缘。婚礼虽然匆忙了点儿，却是非常隆重的。教堂、鲜花、女傧相、洁白拖地的婚纱……一如钱锺书先生后来在《围城》中所描写的苏小姐的婚礼那般热闹，杨先生带着幽默的微笑，告诉我们：

> 结婚穿黑色礼服、白硬领圈给汗水浸得又黄又软的那位新郎，不是别人，正是钱锺书自己。因为我们结婚的黄道吉日是一年里最热的日子。我们结婚照上，新人、伴娘、提花篮的女孩子、提纱的男孩子，一个个都像刚被警察拿获的扒手。

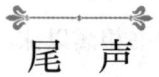

尾 声

1935年夏,钱锺书和杨绛一同踏上了去英国的轮船。钱锺书将前往牛津大学攻读英国文学,杨绛则是自费留学。

出国前新婚宴尔的阿季和钱锺书一起乘火车从无锡出发,然后在上海换乘轮船。当火车路过苏州停在月台畔时,阿季忽然泪如泉涌。车窗外是一片喧闹的朦胧,泪眼模糊的阿季却感觉到父母正在依门而望,望穿秋水般地想念她。

父母想念她的感觉,使她的泪水一时无法抑止。

这是不是就是父亲所说的第六感?

由上海换乘轮船,离别祖国和亲人时,又是怎样一番情形,不得而知。会不会像杨绛先生自己曾经描述的那样:

……坐海船出洋的旅客,登上摆渡的小火轮,送行者就把许多彩色的纸带抛向小轮船;小船慢慢向大船开去,那一条条彩色的纸带先后迸断,岸上就拍手欢呼。也有人在欢呼声中落泪;迸断的彩带好似迸断的离情。

从此,杨绛和钱锺书相濡以沫,一同跋涉漫漫的人生旅途。